Well curated list & Valuable archives

Printed in the Republic of Korea
2020년 8월 12일 초판 1쇄 발행
등록번호 강남, 라00546

ISBN 979-11-6036-117-9 02070

Instagram @food.magazine.f
www.facebook.com/Food.Magazine.F

Found:

<파운드:>를 펴내며

2020년 여름, <Found:>(이하 파운드:)로 독자 여러분께 인사드리게 되어 기쁩니다.
<파운드:>는 매거진 <F> 편집부가 2년 반 동안 세계 곳곳의 지역을 누비며 수집한 식문화
정보를 가이드 형태로 구성해 엮은 출판물입니다. 매거진 <F>가 소금이나 치즈, 식초 등의
식재료를 중심으로 인류 역사, 특정 환경으로부터 비롯한 지역 고유의 식문화, 그 땅에서
성장한 여러 셰프와 푸드 관련 브랜드를 한 호흡의 이야기로 풀어냈다면, <파운드:>는
글로벌 식문화를 이끄는 '플레이어' 하나하나에 주목합니다. 식재료 생산자, 레스토랑,
디저트와 음료 등을 다루는 카페, 완제품을 기획하고 만드는 푸드 관련 브랜드, 이를
유통하고 판매하는 숍과 식문화의 흐름과 미래를 연구하는 단체, 그리고 특정 지역이나
도시까지. 식문화에서 파생된 아홉 가지 카테고리의 100여 개 리스트는 동시대 푸드
업계의 지형을 읽을 수 있는 정보로, 푸드 관련 비즈니스를 구상하는 이들에게는 참고
자료로 기능할 수도 있을 것입니다. 또 매거진 <F>를 꾸준히 구독해온 독자분들에게는
소장 가치가 있는 아카이브이자, 누군가에게는 <미슐랭 가이드>처럼 신뢰할 수 있는 푸드
가이드 형태로 그 역할을 다할 수도 있을 거라 기대합니다.

'Well curated list & Valuable archives'는 <파운드:>를 수식하는 태그 라인입니다.
양질의 정보를 골라내고, 그 정보가 제 가치를 발휘하도록 정리하는 일은 현 시대
미디어에게 명쾌한 아이덴티티를 갖는 일만큼이나 중요합니다. 13권의 매거진 <F>를
펴내며 만난 여러 푸드 업계 인물과 브랜드들은 단순히 트렌드의 중심에 있거나,
SNS상에서 이름을 떨치며 많은 팔로어를 거느린 존재가 아닙니다. 식문화의 역사를
지키거나, 그 영향력의 크기에 관계없이 동시대 식문화가 성장하는 데 그들 나름의
방식으로 기여하거나, 혹은 앞으로 변화할 시대에 기민하게 대응하는 이들에 가깝죠.
<파운드:>를 통해 소개할 리스트를 선정하면서 가장 염두에 둔 것 역시 지금의 음식과
식문화를 형성하는 다양한 지층을 잘 보여줄 수 있는지였습니다. 서퍼들이 즐겨 찾는
바닷가의 커리집과 캘리포니아 파인다이닝 문화를 선도한 레스토랑, 그리고 셰프들에게
야생 채집과 관련한 데이터를 공유하는 비영리단체를 한 권의 책에 담아낸 것이 아마도
<파운드:>가 정의하는 발견에 가까울 것입니다. 그 발견의 지평을 지속적으로 넓히는 일에
매거진 <F>와 <파운드:>가 조금이나마 기여하길 바라겠습니다.

Found:

Maker & Producer
Region & City
Fine Dining
Bistro & Eatery
Cafe & Bar
Brand
Retail
Organization

Maker & Producer

식문화에서 일어나는 유의미한 변화는 식재료를 가꾸고 기르는 이들로부터 비롯합니다. 생산자와
소비자가 긴밀하게 서로 연결되는 이 시대에 자연과의 공생을 실천하며, 건강한 식재료를 향한
사회적 요구에 부응하는 이들에게서 시작되는 순환에 주목했습니다.

01	LÆSØ Salt	02	Ferme de La Boire Haute	03 Sapori Vesuviani
04	Acetaia San Giacomo	05	Pierre Carli Apiary	06 Walid Merhi Farm
07	Blue Siren Shellfish	08	Woobo Farm	09 Iverstine Farms

Fine Dining

외식업계, 특히 파인다이닝 신은 장르의 경계를 허무는 자유주의자들이 등장하면서 새로운 국면을 맞이했습니다. 전통적 미식 강국인 프랑스나 스페인뿐 아니라 상업적 재해석이 돋보이는 영국과 미국의 레스토랑, 오스트리아나 덴마크처럼 신흥 지역에서 시도하는 도전도 두드러집니다.

10   The French Laundry

11   Konstantin Filippou

12   Mosu Seoul

13   Osteria Francescana

14   Chutney Mary

15   Paste

16   Steirerek

17   Barr

18   Lee Jong Kuk 104

19   Erizo

20   L'Abeille

21   108CPH

Contents

Bistro & Eatery

고급 다이닝 문화의 발달을 이끈 감도와 자본이 중간층으로 넘어오며 캐주얼한 비스트로들이
어느 때보다 부흥하고 있습니다. 실험적 접근이 비교적 자유롭다 보니 특정 식재료나 가공법을
전면에 내세운 레스토랑이나 채식주의자를 위한 전문 외식 브랜드들이 등장했고, 이는
라이프스타일에까지 큰 영향을 미칩니다.

22	Coquette	23	Dishoom	24	Tramshed
25	Hachidaime Gihey	26	Karim's	27	Pepperwood
28	Çiya Sofrasi	29	Curry Up	30	Bird Land
31	Warung Makan Nikmat	32	The Wolseley	33	Ginshariya Gekotei

34   Roxie

35   Fu He Hui

36   Hibiya Matsumotoro

37   Woo Lae Oak

38   Sabou Musashino
      Bunko

39   Olympia Provisions

40   Ceviche Project

41   Clamato

Interview Part 1

42   Joan Roca
43   Sébastien Bras
44   Franco Fubini
45   James Montgomery
46   Miwa Ezawa
47   Dominique Persoone

Contents

Region & City

식문화는 지역의 자연환경과 역사, 라이프스타일을 반영합니다. 또 반대로 식문화가 삶의 방식에
깊은 영향을 끼치는 것도 사실입니다. 미식이 발달한 지역에는 다층적 이야기가 있고,
그 이야기를 중심으로 창의적 환경이 만들어집니다. 미식 도시가 지닌 각자의 개성을
들여다보는 일이 중요한 이유도 여기에 있습니다.

48　　　New Orleans　　49 Modena & Reggio Emilia　　50　　　Corsica

51　　　Beirut　　52　　　Bornholm　　53　　　Portland

54　　　Bali　　55　　　Kamakura

Cafe & Bar

카페나 바 신에서 나타나는 일종의 움직임은 식문화를 통틀어 가장 흥미로운 장면이라고 해도 과언이 아닙니다. 건축·음악 등 문화 예술이나 인문학과의 결합, 로컬 문화에 대한 존중과 열린 교류 등은 전문 레스토랑보다 아마추어적 성향의 카페에서 먼저 꽃을 피웠습니다.

56 Apollo Bar & Kanteen

57 Gosnells Upstairs At Coal Rooms

58 Kalei Coffee Co.

59 Ottolenghi

60 Honey Brains

61 Rice to Riches

62 Yann Couvreur

63 Dark Sugars Cocoa House

64 Patrick Roger

Contents

Brand

글로벌 푸드 신의 화두는 친환경과 웰빙 두 가지로 압축됩니다. 채식의 인기와 부족한 식량 대체제로 주목받는 식물 기반 식품의 개발은 혁신적 기술과 아이디어로 무장한 스타트업 브랜드를 중심으로 지속적으로 발전하고 있습니다. 디지털에 익숙한 소비자를 겨냥한 식품 관련 브랜드들의 브랜딩과 마케팅 방식 또한 주목할 만한 부분입니다.

65	Jacobsen Salt Co.	66	Cinco Jotas	67	Shibakyu
68	Andante Dairy	69	Crown Finish Caves	70	Xuetaifeng
71	Wilkin & Sons Tiptree	72	TCHO	73	Air Spice
74	Mother Shrub	75	Høstet		

Interview Part 2

76	Jeong Kwan
77	Leah Chase
78	Sophien Kamoun
79	Tamara Kotevska & Ljubomir Stefanov
80	Bongjin Kim
81	Erwin Gegenbauer

Retail

식재료에 대한 존중과 생산자 수준의 지식을 갖춘 개성 넘치는 식료품점이 점점 늘어나는
추세입니다. 언택트 시대에 온라인을 기반으로 한 여러 식품 유통 플랫폼의 등장은 기존 산업에
새로운 서비스, 기술, 가치 등이 융합되면서 식품 시장에 가능성과 활력을 부여하고 있습니다.

82   Hoxton Street Monster
Supplies

83   Little Duck – The
Picklery

84   Moxon's

85   Solco

86   Salt House

87   Neal's Yard Dairy

88   Taka & Vermo Artisans Fromagers

89   Miel Factory

90   Cacao Prieto

91   Piaf

92   Union Square Greenmarket

93   Ferment 9

Organization

야생 식재료 플랫폼부터 과학을 기반으로 요리하는 창의적 셰프 집단까지, 식문화에 새로운 물결을 일으킨 집단들의 공통점은 지식 공유입니다. 다양한 실험과 연구를 거쳐 요리의 신기술을 제시하고, 작물에 대한 데이터베이스를 바탕으로 자연과 인간을 연결하는 등 음식을 매개로 한 단체들의 행보는 미식 산업 및 해당 문화의 발전에 큰 역할을 하고 있습니다.

94   Mad

95   Souk El Tayeb

96   Whyfarm

97   Onjium

98   Institute of Republic of
Korean Royal Cuisine

99   La Ruche Qui Dit Oui!

100   Chefsteps

101   London Honey
Company

Deep Dive

10가지 식문화 키워드로부터 현재 푸드 신의 흐름을 읽고, 앞으로의 방향을 짚어봅니다.
Foodtech / Home Meal Replacement / Food & Design / Foodhall
Local 2.0 / Independent Vinegar Brand / Plant Based Food / Kimchi
Kombucha & Mocktail / Zero-Waste

Contents

Photography

	Intro	Sunghoon Park
01	LÆSØ Salt	Jack Lee
02	Ferme de La Boire Haute	Sunghoon Park
03	Sapori Vesuviani	Sunghoon Park
04	Acetaia San Giacomo	Sunghoon Park
05	Pierre Carli Apiary	Minhwa Maeng
06	Walid Merhi Farm	Tanya Traboulsi
07	Blue Siren Shellfish	Miyeon Yoon
08	Woobo Farm	Sunghoon Park
09	Iverstine Farms	Sunghoon Park

로컬 푸드와 제철 식재료가 보편적인 단어가 된 지금, 건강한 식재료를 향한 시대적 요구는 지속적으로 증가하고 있다. 현대의 소비자들은 자신이 구입하는 식재료를 누가, 언제, 어디서, 어떻게 생산한 것인지 그 이면의 정보에 집중한다. 이름값보다 본질에 무게가 실리면서 생산자들 역시 새로운 태도를 요구받는다. 자연과 공생하는 지속가능한 생산, 자연 순환의 법칙에 순응하는 원시적 생산법은 푸드 신 전체를 관통하는 새로운 질서로 부상하고 있다.

Maker & Producer

래소 솔트
Hornfiskrønvej 3, 9940 Læsø

Denmark

LÆSØ SALT

중세 시대 소금 생산법을 계승하는 덴마크 래소 섬의 소금 생산자

래소 솔트는 덴마크의 작은 섬, 래소 Læsø에서 전통 방식대로 소금을 생산한다. 래소섬
은 12세기부터 자염 생산을 통해 500년 넘도록 부를 축적했지만 생산 과정 중 막대한 양
의 땔감을 사용한 탓에 나무가 고갈되면서 1720년대에 생산이 전면 중단됐다. 역사 속 소
금이 부활한 것은 270여 년이 지난 1990년. 이 섬의 흥미로운 소금 이야기를 파헤치고자
고고학자들과 당시 지역 문화위원회 회장이던 포울 크리스텐센 Poul Christensen이 지
역 청년들과 함께 발굴 프로젝트에 참여하면서 감춰졌던 중세 시대 염전 유적을 되살려낸
것이다. 래소 솔트는 사업성보단 과거의 유산, 오염되지 않은 자연환경의 혜택에 감사하
며 지속 가능한 삶을 모색한다. 보호구역으로 지정된 수원지에서는 일정량의 소금물만 채
취해 연간 80톤 정도의 소규모 생산량을 유지하고 덴마크와 스웨덴, 노르웨이에서만 판
매하는 유통 방식을 고집스럽게 지켜오며, 자연에 해가 되지 않는 선에서 소금을 생산하
는 이유도 여기에 있다. 섬에서 자란 나무를 땔감으로 쓰거나, 소금 생산과 포장용 천 주
머니를 만드는 과정에 100% 지역 자원과 인력을 활용하는 등 지역민과의 상생을 실천하
며, 소금에 관한 모든 활동이 섬의 가치를 높이는 데 집중돼 있다.

Maker & Producer

라 보리 오트 농장
12460 Saint Amans Des Côts

France

FERME DE
LA BORIE HAUTE

독립적인 방식으로 전통 라기올 치즈를 생산하는 치즈 아르티장

프랑수아 메니에 François Maynier는 프랑스 남부 라기올 Laguiole의 고산지대에서 독립적인 방식으로 라기올 치즈를 생산하는 치즈 아르티장이다. 그가 운영하는 라 보리 오트 농장은 단 세 명의 힘으로 목축부터 치즈 생산, 숙성에 이르는 일련의 공정이 한 곳에서 이뤄진다. 라기올 치즈는 모든 치즈의 시초인 캉탈 Cantal만큼이나 역사가 오래된 지역 특산물이다. 프랑스에서도 뛰어난 치즈로 손꼽히지만, 생산량이 극히 적어 맛을 보는 것 자체가 축복이라 해도 과언이 아니다. 생산 과정에서 손이 많이 가는 것으로 유명한 라기올 치즈는 유청을 제거해 형태가 만들어지기까지 치즈를 강하게 압착하고 잘라 또다시 압착하는 과정이 4일 동안 반복된다. 이후 1800년대 화강암을 쌓아 만든 치즈 숙성 동굴에서 수 개월간 숙성기를 거치는데, 이 과정에서 라기올 표면을 단단하게 감싸는 진드기인 아르티수 Artisou를 정성껏 다루는 일은 온전히 프랑수아 메니에의 몫이다. 그가 만든 라기올은 맛이 진하기로 유명하다. 그는 치즈 생산과 동시에 멸종 위기에 처한 이 지역 재래종인 오브라크 소의 목축률을 높이는 일에도 힘쓴다. 오브라크 소의 우유로 치즈를 생산하는 라 보리 오트 농장은 원료부터 제조법까지 전통 방식을 고수하며 지역 유산을 이어간다.

사포리 베수비아니
Strada Provinciale Pugliano 16, 80055 Portici NA

Italy

SAPORI VESUVIANI

화산 토양에서 재배하고 1년간 숙성 과정을 거친 토마토 생산 농장

이탈리아 남부 나폴리 Napoli 연안에 있는 베수비오 화산 주변은 미네랄이 풍부하고 일반 흙보다 기름진 화산재로 이루어져 비옥한 토양을 자랑한다. 사포리 베수비아니 농장에서는 '자연과 공생하는 삶'이라는 철학을 바탕으로 독특한 개성을 지닌 토착 토마토 품종 '포모도리노 델 피에놀로 델 베수비오 Pomodorino del Piennolo del Vesuvio'를 재배한다. 이곳의 토마토는 건조한 화산 토양에서 자라 일반 토마토보다 껍질이 두껍고 단단하며, 당도가 낮아 채소에서 느낄 수 없는 독특한 풍미를 지녔다. 토마토 품종 중 유일하게 숙성 가능해 나무 상자에 넣어 통풍이 잘되는 숙성실에 보관하거나, 곶감처럼 꿴 토마토를 건조대에 걸어 1년간 숙성시킨다. 이는 냉장 시설이 없던 시절부터 토마토를 보관해오던 이 지역 전통 방식으로, 숙성을 마친 토마토는 맛과 향이 깊어지고 쌉싸래한 맛이 강해진다. 피에놀로 델 베수비오는 수확량이 매우 적어 2009년 이탈리아 원산지 명칭 보호 제도인 DOP(Denominazione di Origine Protetta)를 받기 전까지 이탈리아 내에서도 잘 알려지지 않던 품종이다. 사포리 베수비아니 농장에서는 장기간 숙성시킨 귀한 토마토 꾸러미를 연말연시에 선물하는 지역 풍습을 살려 토마토 선물 패키지를 개발함으로써 독특한 맛과 지역 문화를 알리는 데도 힘쓰고 있다.

Maker & Producer

ACETAIA SAN GIACOMO

이탈리아 전통 발사믹의 까다로운 조건을 지켜가는 발사믹 생산 업체

이탈리아 레조에밀리아의 발사믹 생산 업체 아체타이아 산 자코모는 전통 발사믹의 까다로운 조건을 지켜나가고 있다. 이곳의 대표인 안드레아 베체치 Andrea Bezzecchi는 레조에밀리아 전통 발사믹 식초 협회(Aceto Balsamico Tradizionale di Reggio Emilia DOP)의 회장으로 전통 발사믹의 계승과 발전에 앞장서고 있는 인물이기도 하다. 전통 발사믹을 제조하는 과정에서 무엇보다 중요한 요소는 100% 끓인 포도즙인 모스토 코토 Mosto Cotto를 사용하는 것이다. 순수한 모스토 코토를 나무통, 배럴 Barrel에 옮겨 담아 최소 12년간 숙성 과정을 거쳐야만 진정한 전통 발사믹 인증 마크인 DOP(이탈리아의 원산지 명칭 보호)를 얻을 수 있다. 전통 발사믹을 만드는 데 필요한 것은 모스토 코토와 배럴, 시간뿐이다. DOP 인증 제품의 생산량은 유럽 전체 발사믹 생산량의 0.0001%로 연간 9만 병, 9,000L에 불과하다. 따라서 아체타이아 산 자코모의 발사믹은 진짜 중의 진짜라 해도 과언이 아니다. DOP 인증을 받은 발사믹은 정해진 병만 사용해 포장할 정도로 특별 대우를 받는다. 이 병에 발사믹이 담긴다는 건 모든 생산 과정에서 높은 품질과 훌륭한 맛을 보장한다는 의미이기도 하다.

Maker & Producer

피에르 카를리 양봉장
Lieu Dit Catarelli 20253 Patrimonio, Corsica

France

PIERRE CARLI
APIARY

코르시카 섬의 자연과 계절성을 담은 소규모 양봉장

강인하고 향기로운 야생식물이 풍부한 코르시카섬은 '꿀벌의 천국'이라 불린다. 이 섬의 파트리모니오 Patrimonio 지역에서 16년째 양봉업에 종사하는 피에르 카를리는 자신의 이름을 딴 양봉장을 운영 중이다. 이곳에서는 350개 벌집에서 해마다 6~10톤가량의 꿀을 생산한다. 그는 섬 곳곳에 분포된 다양한 식물의 계절성을 꿀에 담고자, 밀원식물을 찾아 벌집을 옮기는 이동 방목을 통해 한 해 다섯 종의 꿀을 채취한다. 매해 조금씩 변화하는 짧은 개화기에 맞춰 민첩하게 움직이는 노력, 자연의 혜택을 최대한 활용하는 것은 이 지역 양봉가들의 공통된 노하우다. 양봉가의 주요 임무는 봉군을 지키고 건강하게 만들어 주는 것이다. 그러려면 우수한 여왕벌이 필요하고, 그 여왕벌이 어떻게 벌들을 진두지휘하는지 늘 확인해야 한다. 최소 10일에 한 번씩 정기적 내검을 통해 봉군과 여왕벌의 건강을 살피고, 벌통 내부를 하나하나 면밀히 관찰한다. 건강한 여왕벌을 탄생시키는 퀸 메이커이기도 한 피에르 카를리는 인공 여왕벌 생산을 통해 꿀 생산량의 안정성을 높이고 각종 질병과 해충, 기후 이변에서 살아남을 우수한 종자의 토종벌을 증식시킨다. 섬세하고 순수한 맛으로 정평이 난 이곳 꿀은 대부분 코르시카섬에서만 판매한다.

Maker & Producer

WALID MERHI FARM

인간 개입을 최소화한 생태 농업을 실천하는 레바논 토착 품종 농장

레바논의 레슈마야 Rechmaya는 해발 300m부터 1,000m에 달하는 가파른 경사지에 형성된 작은 마을이다. 예로부터 물이 풍부해 농업에 최적화된 환경을 자랑하며, 경사면에 돌벽을 쌓아 개간한 계단식 농지가 발달했다. 소규모 농가와 가정 텃밭이 대부분인 이곳에는 올리브와 포도, 시트러스류의 지중해 연안 작물과 뿌리채소, 토종 콩과 고랭지 작물 등을 다품종 소량 생산해 레바논 토착 품종이 다수 보존돼 있다. 레바논 식문화의 유산과 계절성을 강조한 칵테일로 명성이 높은 믹솔로지스트이자 이 마을 농부인 왈리드 메르히 Walid Merhi는 수십 종의 토종 작물을 재배하며 인간의 개입을 최소화한 생태 농업을 실천한다. 비파, 무화과 등의 과수목과 시금치, 파슬리, 비트 등 토종 작물을 재배하는 농장 곳곳에는 매화콩, 껍질콩, 초록색을 띠는 재래종 병아리콩 등 총 아홉 가지 콩이 자란다. 사람과 자연환경, 지역의 고유한 농업 문화를 지키며 화학비료와 성장 촉진제, 살충제를 일절 사용하지 않는 그의 농장에서 콩과 식물은 토양을 비옥하게 만드는 고마운 존재다. 왈리드 메르히는 농장 운영과 함께 '레슈마야 테루아' 플랫폼을 통해 지역 농산물을 도시 소비자와 연결한다. 이 프로젝트는 농부들의 수익 증대와 더불어 레슈마야의 전통적인 농업 문화와 지역성을 알리는 데 목적이 있다.

Maker & Producer

블루 사이렌 셸피시
30045 Highway 101 N, Rockaway Beach, OR 97136

USA

BLUE SIREN
SHELLFISH

야생 채집을 통해 조개와 해산물을 수확하는 독립 브랜드

블루 사이렌 셸피시는 세계적으로 양식이 대세인 시장에서 야생 채집을 통해 조개와 해
산물을 공급하는 독립 브랜드다. 오리건 서쪽 틸라무크 Tillamook만의 작은 어촌 마을인
가리발디 Garibaldi 지역은 블루 사이렌 셸피시의 활동지다. 에런 융커 Aaron Yunker
와 크리스틴 펜드 Kristen Penned 부부는 오직 둘만의 힘으로 브랜드를 운영한다. 융커
가 직접 제작한 보트 '스톰트루퍼 Stormtrooper'는 부부의 가장 큰 자산이다. 무엇이든
손으로 만드는 것을 좋아하는 그는 이 지역 전통 배 디자인을 따라 6개월 동안 건조해 수
공예 선박을 완성했다. 부부는 배를 타고 바다에 나가 대구의 일종인 링코드 Ling Cod나
게를 주로 잡고, 썰물 때는 조개를 캔다. 미국에서 조업을 하기 위해선 어종별로 어획 라
이선스를 따야 하는데, 게나 조개 역시 마찬가지다. 조개 채집 방법은 종류마다 관련 법규
도 다르고 복잡하지만, 이들은 정부의 규제를 지지하고 지속 가능한 바다를 위한 노력에
기꺼이 동참한다. 손으로 채집하는 것을 기본으로, 바다 환경에 해를 끼치지 않는 어망과
통발, 갈퀴 등 전통 어업 도구만 선택해 사용한다. 바다를 향한 애정은 바다의 영속성을
지키는 것에서 시작된다고 믿으며, 이는 그들의 운영 모토이기도 하다.

Maker & Producer

WOOBO FARM

한국 토종쌀의 보존과 부활을 꿈꾸며 이를 실현시켜 가고 있는 지역 농장

토종쌀을 보존하고 연구하는 일에 앞장서온 우보농장은 100종이 넘는 토종쌀을 재배하고 있다. 우보농장의 대표 이근이 농부는 토종쌀의 부활에 쌀의 미래가 있다고 믿으며, 토종쌀을 통한 다양성 회복을 주창한다. 쌀은 지역별로 고유 품종이 있고 그곳 농부들이 자기 땅의 품종을 심고 수확하는 과정에서 복원되는 종의 다양성이 결국 식문화의 진화와 연결되기 때문이다. 그는 8년 전부터 농업유전자원센터, 씨드림 등의 단체를 통해 모은 토종 볍씨를 조금씩 심기 시작해 현재 약 150종을 부활시켰다. 이렇게 얻은 종자는 '전국 토종벼농부들'이라는 단체를 만들어 각 지역 농부들과 나누고 있다. 우보농장은 일종의 토종쌀 연구자 역할을 하며, 지역 농부들은 자기 땅에 맞는 품종, 역사와 스토리를 만들어 내고, 수백 년 전 농부들이 수확했을 벼의 품종을 살려내는 것이다. 하지만 토종쌀은 수작업으로 이뤄지는 전통 농법으로 농사를 짓는 데다 수확량도 적어, 개량종만큼의 수확량을 기대하기 어렵고 가격 경쟁력도 떨어진다. 우보농장에서는 토종쌀을 판매하는 것보다 지역별로 고유의 품종을 되살리는 일에 역점을 두는 동시에 품종 각각이 지닌 맛의 특성을 찾아내고, 젊은 셰프들과 함께 토종쌀 테이스팅 행사를 개최하는 등 토종쌀을 알리는 일에 힘쓰고 있다.

Maker & Producer

09

아이버스틴 농장
4765 Perkins Rd STE A, Baton Rouge, LA 70808

USA

IVERSTINE FARMS

농장의 모든 동식물이 제 역할을 하게하는 친환경 목축법의 개척자

미국 루이지애나주와 북쪽 미시시피주 경계에 위치한 이 농장은 세계 목축업계에 큰
반향을 일으킨 조엘 샐러틴 Joel Salatin의 집중 순환 방목법(Intensive Rotational
Grazing)을 모델로 한 미래의 농장이다. 이 목축법은 가축들이 순서대로 한 곳의 풀을 뜯
어 먹은 후 그 풀이 다시 자랄 때까지 그대로 내버려두는 방식을 취한다. 넓은 토지가 있
다면 그다지 어려운 목축법은 아니지만, 야생동물이 3일에 한 번 같은 장소에 찾아와 풀
을 뜯는다는 점에서 착안한 방식으로 여러 동물들을 키운다면 상당히 과학적이고 정교한
계산이 필요하다. 먼저 소가 풀을 뜯고 난 자리에 닭을 풀어놓아 남은 풀과 소의 배설물에
서 자라는 구더기 등 벌레를 먹게 하고, 이로써 땅은 정화되고 소를 공격하는 해충의 개체
수는 감소한다. 각자 다른 역할을 하게하는 독창적인 친환경 목축법인 셈이다. 이는 밀집
사육을 거부하는 가축들이 조화롭게 살아나는 방목에서 한 단계 더 나아간 형태이며 아이
버스틴 농장은 이를 통해 인간과 동물, 자연 모두에게 유익한 사육방식을 개척하고자 한
다. 그렇다면 정말 이렇게 키운 닭은 맛도 좋을까? 아이버스틴의 오너 게일런 아이버스틴
Galen Inerstine은 스펀지 같은 질감을 지닌 기존 닭고기에 비해 씹는 맛이 좋고 고기 본
연의 맛이 잘 드러난다고 설명한다.

Maker & Producer

		Photography
	Intro	Andrea Scalingello
10	The French Laundry	Patrick Kim
11	Konstantin Filippou	Sunghoon Park
12	Mosu Seoul	Miyeon Yoon
13	Osteria Francescana	Callo Albanese e Sueo
14	Chutney Mary	Sunghoon Park
15	Paste	Duangsuda Kittivattananon
16	Steirerek	Sunghoon Park
17	Barr	Andrea Scalingello
18	Lee Jong Kuk 104	Siyoung Song
19	Erizo	Miyeon Yoon
20	L'Abeille	Minhwa Maeng
21	108CPH	Andrea Scalingello

외식 업계, 특히 파인다이닝 신은 장르의 경계를 허무는 자유주의자들의 등장으로 새로운 국면을 맞이했다. 전통적인 미식 강국인 프랑스나 스페인 뿐 아니라 상업적인 재해석이 돋보이는 영국과 미국의 레스토랑, 오스트리아나 덴마크처럼 신흥 지역에서의 도전도 두드러진다.

Fine Dining

10

더 프렌치 론드리
6640 Washington St., Yountville, CA 94599

USA

THE FRENCH LAUNDRY

프랑스 미식 신에까지 영향을 미친 미국의 프렌치 레스토랑

미국 내파밸리 Napa Valley 욘트빌 Yountville의 오래된 세탁소를 고쳐 만든 공간에 자리한 더 프렌치 론드리는 미국 최초로 <미슐랭 가이드>에서 별 3개를 받은 프렌치 레스토랑이다. 수장 토머스 켈러 Thomas Keller는 '셰프들이 존경하는 셰프'로 불리는 인물로, 로컬 식재료 본연의 맛과 특징을 담은 요리를 통해 세계 미식 신의 지형을 바꿨다. 지금의 파인다이닝에서 로컬 식재료를 활용하는 것은 당연하게 여겨지지만, 더 프렌치 론드리를 오픈하던 20년 전만 해도 이런 방식은 다소 파격적이었다. 이곳에선 여전히 레스토랑 주변 지역 아르티장들이 기른 식재료를 요리에 활용하며, 일부 채소와 과일, 달걀과 꿀은 셰프들이 직접 키워 사용한다. 더 프렌치 론드리의 음식은 유행을 따르지 않는다. 20년 전 출간한 <더 프렌치 론드리 쿡북 The French Laundry Cookbook>에서 소개한 시그너처 요리는 지금도 테이블 위에 오른다. 레스토랑 메인 키친에는 "완벽한 요리가 없다는 걸 받아들이면, 완벽해지기 위한 노력이 무엇인지 더욱 분명해진다. 요리는 사람들을 행복하게 해주려고 하는 것일 뿐이다"라는 말이 적혀 있다. 좋은 요리는 셰프의 예술적 감성에 치중하기보다 손님을 위한 음식이라는 사실을 잊지 말아야 한다는 토머스 켈러의 가르침과 철학이 고스란히 담긴 글귀다.

Fine Dining

KONSTANTIN FILIPPOU

산미를 통해 숨은 맛을 이끄는 오스트리아 퀴진의 균형

콘스탄틴 필리포는 오픈 1년 만에 미슐랭 1스타를 받은 이후 2018년 2스타를, <고미요>로부터 셰프 모자 4개를 획득한 오스트리아의 대표적인 레스토랑이다. 이곳의 셰프 콘스탄틴 필리포는 오스트리아인 어머니와 그리스인 아버지 사이에서 다양한 맛을 경험하며 성장했고, 이러한 배경을 토대로 '국경 없는 오스트리아 퀴진'을 추구한다. 항상 먹고 난 뒤에도 피곤함을 느끼지 않고 기분 좋은 음식을 디자인하는 것이 그의 목표다. 미니멀한 분위기의 이곳은 일품요리(à la carte)가 없는 대신 8~9가지 코스 메뉴를 서비스하는데, 그중 최소 6개 디시에 식초를 사용한다. 식초는 모든 음식, 특히 이곳의 메인 요리에서 매우 중요한 역할을 담당한다는 게 셰프의 철학이기 때문이다. 실제로 거의 모든 소스와 거품에 산미를 이용하는 그는 산미야말로 접시에 바로 표현되지 않는, 숨어 있는 맛을 이끌어내는 일종의 '킥 kick'과 같다고 설명한다. 거의 모든 요리에 식초를 사용함으로써 재료 간 맛의 균형을 맞추는 것이다.

Fine Dining

MOSU SEOUL

섬세하면서도 힘있는 요리를 경험하게 하는 컨템퍼러리 아시아 퀴진

안성재 셰프는 2015년 샌프란시스코에 첫 레스토랑 '모수' 를 열자마자 미슐랭에서 별을 받고, 홀연히 터전을 옮겨 서울 한남동에 같은 이름의 레스토랑을 오픈했다. 컨템퍼러리 아시아 퀴진을 표방한 이곳은 작지만 힘있는 요리를 통해 재료의 참맛과 테크닉의 접점을 보여준다. 미국에서 중식 레스토랑을 운영하는 부모님을 도우며 처음 주방을 접했다는 안성재 셰프는 이후 유수의 미슐랭 스타 레스토랑에서 커리어를 쌓으며 독특한 환경에서 여러 나라의 식재료와 요리법을 접했다. 이런 복합적인 경험을 토대로 자유롭게 식재료를 고르고, 틀에 박히지 않은 조리법을 선택하기에 그의 접시를 마주할 때면 늘 궁금한 질문들이 꼬리를 문다. 재료의 숨은 맛을 찾아 과학적으로 접근해 장점을 부각하는 방식은 모수 서울의 주방에서 빈번히 일어나는 일이다. 한국의 전통 장과 발효법을 요리에 적극 활용하지만, 늘 봐왔던 한식의 형태 그대로를 접시에 올리는 법이 없다. 모수 서울에서 전통 음식과 발효법은 하나의 기술이자 맛을 배가하는 장치로 쓰인다. 기존 '모던 한식' 장르에서 반복되던 재료와 조리법에 지루함을 느낀다면, 모수 서울은 창의적인 한식에 눈을 뜨게 해줄 장소다.

Fine Dining

13

오스테리아 프란체스카나
Via Stella, 22, 41121 Modena, MO

Italy

OSTERIA FRANCESCANA

전통과 현대의 조화를 모토로 한 미학적 아이디어

오스테리아 프란체스카나는 보수적인 이탈리아 요리 문화에서 '전통과 현대의 조화'를 모토로 개성 넘치는 메뉴를 선보인다. 미슐랭 3스타를 비롯해 2018년 월드 50 베스트 레스토랑 World's 50 Best Restaurants에서 1위를 차지하는 등 온갖 상을 휩쓸며 이탈리아 미식 신을 상징하는 존재이기도 하다. '어머나, 레몬 타르트를 떨어뜨렸어요(Oops! I Dropped the Lemon Tart)', '라자냐의 바삭한 부분(The Crunchy Part of the Lasagna)' 등 예상을 깨는 그들의 요리는 이름마저 새롭다. 이곳을 이끄는 셰프 마시모 보투라 Massimo Bottura는 오스테리아 프란체스카나의 시작이자 끝이다. 그는 3권의 책 출간과 넷플릭스 <셰프의 테이블 Chef's Table>을 통해 자신의 삶과 철학, 이곳 주방에서 일어나는 창의적 활동을 공개한 바 있다. 문화 프로젝트이자 비영리 기관인 '푸드 포소울 Food for Soul'을 운영하며 개인의 존엄과 공동체 연대 회복을 위한 활동에도 적극적이다. 패션 하우스 구찌와 협업한 레스토랑을 오픈하기도 한 그는 음식을 통해 표현할 수 있는 미학적 아이디어를 현실화한다. 자신의 고향이자 레스토랑이 위치한 모데나에 대한 각별한 애정을 요리로 표현하는 일을 즐기며, 모데나 전통 식재료인 발사믹과 파르미지아노 레지아노 치즈는 언제나 그의 디시에 오른다.

Fine Dining

14

처트니 메리
73 St. James's St., St. James's, London

UK

CHUTNEY MARY

인도 음식에 대한 런더너들의 편견을 바꾼 영국의 인도 레스토랑

1990년 문을 연 처트니 메리는 인도 요리에 대한 런던 사람들의 인식을 바꿔놓았다. 인테리어는 물론 식기와 요리까지 모든 요소를 최상급으로 선보인 처트니 메리는 커리 하우스에서 싼값에 먹을 수 있는 서민 메뉴에 불과하던 인도 음식에 파인다이닝이라는 수식어를 붙이는 데 성공했다. 런던의 대표적 인도 레스토랑 그룹인 엠더블유 이트 MW Eat의 최고 경영자 카멜리아 판자비 Camellia Panjabi와 자매 아니타 판자비 Anita Panjabi가 함께 운영하는 곳으로, 런던 내 최고 레스토랑에 걸맞은 수준 높은 와인 리스트도 자랑한다. 고급화 전략으로 당시 런더너들의 편견을 바꾸고자 했던 판자비는 레스토랑의 장소부터 식재료, 직원까지 빈틈없이 관리하며 인도 음식 역시 비싼 값을 받을 수 있는 요리라는 것을 보여줬다. 인도 전통 요리 특유의 복잡한 향을 살리는 이곳의 음식은 식재료의 질감과 맛을 섬세하게 표현하는 데에 중점을 둔 요리를 선보인다.

Fine Dining

15

페이스트
999 Phloen Chit Rd., Lumphini, Pathum Wan District, Bangkok

Thailand

PASTE

고대 태국 요리법에 현대적 해석을 접목한 방콕 미식 신의 아이콘

2018년부터 미슐랭 1스타를 유지하고 있는 방콕 파인다이닝 레스토랑. 셰프 비 사똥운 Bee Satongun이 지휘하는 페이스트는 고대 태국 요리법을 고수하면서 셰프 자신의 색깔을 더한 요리를 선보인다. 방콕 최고의 레스토랑 중 하나로 인정받는 이곳은 재료의 맛을 100% 활용하기 위해 태국 내에서 가장 뛰어난 품질의 식재료만 엄선해 사용한다. 메뉴 대부분은 고대 태국 요리책에 등장하는 음식의 맛을 되살린 후 그들만의 현대적 아이디어를 접목한 결과물이다. 대중에게 선보이고자 하는 모습을 기준으로 재료의 강약을 조절해 과거와 현재 사이의 균형을 잡는 것이 이곳의 핵심이다. 국제 미식 신에서 수차례 수상하면서 태국 음식이 값싼 길거리 음식에 불과하다는 인식을 바꾸는 데 기여한 곳이기도 하다. 신선한 식재료부터 맛의 깊이, 플레이팅까지 한 접시 위에서 태국 문화가 지닌 풍부함을 녹여내는 것으로 유명하다.

Fine Dining

16

슈타이어레크
Am Heumarkt 2A, 1030 Wien

Austria

STEIREREK

식재료에 대한 존중을 기반으로 한 오스트리아의 맛

오스트리아 빈의 미슐랭 2스타 레스토랑 슈타이어레크는 '급이 높은 레스토랑일수록 음식과 관련한 모든 경험의 질이 높아진다'는 명제의 좋은 예다. 식재료에 대한 존중을 중요시하는 슈타이어레크는 모든 식재료 공급자와 가깝게 지내며 농장과 직접 거래하고, 일반적으로 잘 사용하지 않는 식재료의 수요를 만들어내는 등 오스트리아 농산물에 초점을 맞춘 레스토랑을 추구한다. "레스토랑은 모든 식재료의 종착지"라고 말하는 슈타이어레크의 셰프이자 대표인 하인츠 라이트바워 Heinz Reitbauer는 오스트리아를 대표하는 인물로, 지역의 농산물을 발굴하고 활용해 진정한 '오스트리아의 맛'을 선보이고 있다. 계절과 제철에서 요리에 대한 영감을 얻는 그는 새로운 메뉴를 내놓을 때면 직접 작성한 음식에 대한 설명을 담은 작은 카드를 테이블에 올린다. 음식뿐 아니라 서비스, 인테리어 등 '손님이 좋은 시간을 보내는 일에 집중'하는 슈타이어레크가 선사하는 커다란 즐거움 중 하나는 빈 시립 공원 안에 자리한 현대적이고 조형적인 건축물이다.

Fine Dining

BARR

뉴 노르딕 퀴진의 정신을 잇는 자유로운 파인다이닝

덴마크어로 보리를 뜻하는 오래된 단어 '바르'. 덴마크 코펜하겐의 레스토랑 바르는 컨템퍼러리 미식 신에 혁명을 몰고 온 노마 Noma의 옛 자리에 2017년 문을 열었다. '노르딕 퀴진의 연금술사' 토르스텐 슈미트 Thorsten Schmidt 셰프는 역사적 장소에 북해 주변국의 전통 음식과 음료를 재해석한 캐주얼 다이닝을 성공적으로 안착시켰다. 뉴 노르딕 퀴진의 상징적 인물이기도 한 그는 새로운 식재료와 테크닉의 시도, 음식에 대한 새로운 경험 제공 등 뉴 노르딕 퀴진 정신이 반영된 요리와 함께 전통 노르딕 퀴진의 재발견을 추구한다. 기존 파인다이닝의 문법을 탈피하는 것에 중점을 준 바르는 자유로운 분위기를 지향한다. 고급 레스토랑에선 찾아보기 힘든 맥주 페어링은 바르의 남다름을 단적으로 보여주는 예다. 셰프부터 맥주 전문가, 소믈리에 등 한 가지에 흥미를 가지면 모든 열정을 쏟아붓는 긱 Geek들의 집단. 이들의 열정적 에너지는 바르를 움직이는 동력이자 뉴 노르딕 퀴진의 미래다.

Fine Dining

18

이종국 104
서울시 성북구 성북로 95-1

Republic of Korea

LEE JONG KUK 104

오랜 내공을 한 자리에서 경험하는 예술적 공간

이종국은 한식을 대표하는 셰프 중 한 명이지만 요리와 관련한 공식 학위는 보유하고 있지 않다. 전문적으로 요리를 배운 적이 없음에도 그는 꽤 오랫동안 '한식의 대가'로 불리며 정·재계 인사들의 요리 스승이자, 셰프로서 프라이빗 다이닝을 통해 소수에게만 자신의 요리를 선보여왔다. 이종국 104는 오랜 시간 감춰져 있던 그의 내공을 한 자리에서 경험할 수 있는 미식 공간이다. 할아버지의 호 백사(白沙)를 숫자로 치환해 자신의 이름과 나란히 배치한 이곳은 집안 대대로 전해 내려온 요리 감각과 예술성을 보여준다. 셰프보다 아티스트라는 호칭이 잘 어울리는 그의 공간답게 레스토랑은 마치 갤러리에 온 듯 아름답고 진귀한 작품들에 둘러싸여 있다. 코스 하나하나를 담아낸 그릇 역시 식기라기보단 하나의 작품에 가까워 고급스럽고 정갈한 요리와 어우러지며 우아한 플레이팅을 완성한다. 단시간에 구축하기 어려운 노하우는 발효 식품에서 더욱 빛을 발한다. 좋은 식재료를 선택해 만드는 것 못지않게 보관에도 정성을 기울여 수 년을 거쳐 맛이 든 장과 김치, 장아찌 등은 시간과 정성의 산물이자 궁극적으로 이곳 음식의 기본이 된다.

Fine Dining

19

에리조
215 Southeast 9th Avenue, Portland, OR

USA

ERIZO

지속 가능한 해산물을 수급하고 요리하는 포틀랜드의 개척자

지속 가능한 해산물 레스토랑이라는 콘셉트의 에리조는 바다 환경 운동가이자 포틀랜드 로컬 미식 신의 장르 개척자인 제이콥 하스 Jacob Harth 셰프가 운영하는 곳이다. 포틀랜드에서도 주목받고 있는 셰프인 그는 에리조를 통해 세계적 수준의 다이닝 경험을 제공할 뿐 아니라 추적 가능한 해산물만 사용하는 등 해산물의 수급 루트를 투명하게 알리기 위해 노력한다. 조개와 생선 등 이곳에서 사용하는 모든 해산물은 원산지와 어획법 추적이 가능하며, 요리에 들어가는 식재료는 오리건 Oregon주와 워싱턴 Washington주 남부 등에서 수급한다. 여기에 제이콥이 직접 채집한 보라성게, 돔발상어 등 시중에서 보기 힘든 해산물로 개성을 더한다. 해산물 코스 요리를 선보이는 캐주얼한 파인다이닝 콘셉트로, 재료 수급 상황에 따라 매주 메뉴가 바뀌지만 식재료 본연의 신선한 맛을 내기 위한 노력만큼은 변함없다.

Fine Dining

L'ABEILLE

프랑스의 역사적 건축 공간인 샹그릴라 호텔 파리에서 누리는 미식 경험

샹그릴라 호텔 파리는 나폴레옹의 종손인 롤랑 보나파르트 Roland Bonaparte 왕자가 생활하던 19세기 주택을 개조한 고급 호텔이다. 대대적인 보수 공사를 거쳐 당시 인테리어의 상당 부분을 복원한 호텔 로비 공간은 현재 프랑스의 역사적 건축물로도 등재돼 있다. 나폴레옹 제국을 상징하는 곤충이던 벌에서 모티프를 얻어 호텔 곳곳에서는 꿀벌 장식들이 발견된다. 레스토랑 역시 라베유 L'Abeille, 즉 꿀벌이라 이름 지었다. 이곳의 셰프들은 꿀벌이라는 이름처럼 끈끈한 팀워크를 발휘한다. 샹그릴라 호텔 파리의 수석 페이스트리 셰프인 미카엘 바르토체티 Michaël Bartocetti는 호텔 레스토랑 두 곳의 디저트를 담당하는데, 디저트의 공식과도 같았던 달콤하고 부드러운 맛에 매몰되기보다 창의적 재료를 조합해 다양한 식감과 풍미를 접시 위에 담는다. 벌집 모양을 입체적으로 표현한 시그너처 디저트에는 언제나 꿀이 더해진다. 단맛이 적고 씁쓸한 관목꿀의 풍미를 선호해, 쓴맛이 강한 아르부지에꿀을 디저트에 활용하기도 한다. 이 꿀이 지닌 '확실한 쓴맛'은 그의 레시피를 통해 기분 좋은 풍미로 변화된다. 그는 꿀을 사용해 감미롭고 단조로운 디저트에 강렬함을 더함으로써 코스 요리의 마지막까지 지루할 틈을 주지 않는다.

Fine Dining

108cph
Strandgade 108, DK-1401 Copenhagen

Denmark

108CPH

제철 재료와 창의적 레시피로 구현한 뉴 노르딕 퀴진의 다양성

식재료의 단순한 구매나 납품이 일반적인 요즘, 코펜하겐 퀴진 108cph는 뉴 노르딕 퀴진의 대표 주자답게 야생 채집으로 일부 식재료를 확보한다. 야생 채집이 주방에서 벗어난 풍경의 전환이자 요리의 과정을 이해할 수 있는 귀중한 경험이라는 게 이곳의 헤드 셰프 크리스티안 바우만 Kristian Baumann의 설명이다. 또한 발효와 농장 역시 이곳에서 빼놓을 수 없는 요소로, 남은 빵을 발효시켜 새로운 식재료를 만들거나 허브, 꽃 등을 직접 재배하기도 한다. 특히 108cph에서 투자한 소규모 농장 오르스티데르네 Aarstiderne에서는 7종의 오이, 13종의 아티초크 등 같은 채소라도 서로 간의 차이를 알 수 있도록 식재료의 가능성과 다양성을 넓히는 일에 무게를 둔다. 코펜하겐 퀴진의 상징적 레스토랑 노마 출신 답게 '열심'이라는 단어가 108cph와 자신을 대변한다고 말하는 그가 요리에서 가장 중요하게 여기는 부분은 제철 재료와 창의적 도전이다. 셰프의 철학처럼 이곳의 음식은 다른 곳에서는 경험할 수 없는 다채로운 식재료와 레시피로 가득하다. 민트 컬러와 우드 소재가 매치된 북유럽 감성의 메인 레스토랑 옆에는 커피를 비롯해 간단한 음료를 즐길 수 있는 카페도 있다.

Fine Dining

Photography

	Intro	Soonae Park
22	Coquette	Sunghoon Park
23	Dishoom	Sunghoon Park
24	Tramshed	Kim Jakobsen To
25	Hachidaime Gihey	Kisik Pyo
26	Karim's	Donghoon Shin
27	Pepperwood	Sunghoon Park
28	Çiya Sofrasi	Begum Yamanlar
29	Curry Up	Minhwa Maeng
30	Bird Land	Eisuke Komatsubara
31	Warung Makan Nikmat	Sunghoon Park
32	The Wolseley	Songyi Yoon
33	Ginshariya Gekotei	Kisik Pyo
34	Roxie	Andrea Scalingello
35	Fu He Hui	Donghoon Shin
36	Hibiya Matsumotoro	Minhwa Maeng
37	Woo Lae Oak	Minhwa Maeng
38	Sabou Musashino Bunko	Minhwa Maeng
39	Olympia Provisions	Miyeon Yoon
40	Ceviche Project	Jinho Choi
41	Clamato	Chantapitch Wiwatchaikamol

고급 다이닝 문화의 발달을 이끈 감도와 자본이 중간층으로 넘어오며 캐주얼한 비스트로들이 어느때보다 부흥하고 있다. 실험적 접근이 비교적 자유롭다보니 특정 식재료나 가공법을 전면에 내세운 레스토랑이나 채식주의자를 위한 전문 외식 브랜드들이 등장하며 라이프스타일에까지 큰 영향을 미치는 추세다.

Bistro & Eatery

COQUETTE

미국 남부 지역 특유의 유연함과 지역 정서를 반영한 뉴올리언스식 실험

코케트는 프라이드치킨과 샴페인 페어링이라는 신선한 시도로 주목받는 곳이다. 미국 뉴올리언스에서 프라이드치킨으로 새로운 반향을 불러일으킨 이곳은 현대적 감각을 더한 전통 미국 남부식 요리를 선보인다. 고급 문화와 대중성의 접점인 샴페인과 프라이드치킨의 페어링에는 남부 특유의 유연한 감성이 담겨 있다. 2008년 문을 연 코케트에서는 1년에 두 번 '프라이드치킨 앤 샴페인 디너'를 개최한다. 창립자 마이클 스톨츠퍼스 Michael Stoltzfus는 샴페인 치킨 디너 이벤트가 열리는 날이면 테이블을 길게 일렬로 붙여 세팅한다. 페어링에만 국한하지 않고 공동체 느낌을 극대화하고 싶었던 그의 바람대로, 코케트는 이런 이벤트를 통해 단순한 레스토랑 그 이상의 공간으로 자리매김할 수 있었다. 그가 느낀 뉴올리언스 사람들은 어떤 음식을 먹고 마시느냐보다 다이닝에서 함께하며 느끼는, 분위기 자체가 전하는 즐거움과 경험을 더 중요하게 여긴다. 이런 지역 정서는 요리에도 반영돼 루이지애나 등의 남부 지역과 결부된 메뉴를 시즌에 맞게 선보이고 있다.

Bistro & Eatery

DISHOOM

친숙한 재료로 인도 요리의 장벽을 낮춘 런더너들의 핫 플레이스

이국적 음식과 분위기로 단숨에 런더너들의 핫 플레이스로 등극한 디슘은 1940년대 인도 뭄바이 Mumbai에 있던 이라니 카페 Irani Café에서 영감을 얻었다. 아침부터 심야 시간까지 하루 종일 음식을 제공하는 이라니 카페는 음식으로 사람을 끌어 모아 이들 간 거리를 좁히는 역할을 해온 장소다. 디슘 역시 아침 식사부터 저녁 식사까지 가능한 올데이 다이닝으로서 쇼어디치를 비롯해 현재 런던에만 5개 지점을 운영 중이다. 디슘은 현지인이 익숙하지 않을 수 있는 인도 요리의 베이스에 양파, 토마토 같은 익숙한 재료를 첨가해 보다 산뜻한 맛을 내는 데 집중한다. 인도 요리의 특징은 살리되 거부감이 없도록 그들만의 변주를 더하는 것이다. '음식으로 장벽을 깨자'라는 자신들의 신념을 지키기 위해 다양한 종교를 접할 수 있는 이벤트를 열기도 하고, 기아 복지 기금에 기부하는 등 각종 노력을 쏟고 있는 곳이기도 하다.

Bistro & Eatery

TRAMSHED

마크 힉스 셰프의 예술성과 위트, 맛에 대한 감각을 집대성한 공간

대담한 요리와 예술성으로 인정받는 영국 최고의 셰프 마크 힉스 Mark Hix는 런던과 도싯 지역에 7개의 레스토랑과 펍을 운영하고 있다. 통일된 기조를 유지하기보단 매번 개성있는 콘셉트를 선보이는 그의 행보는 언제나 화제를 불러일으킨다. 런던 트램세드는 예술 작품과 재치 있는 메뉴의 조합으로 주목받는 곳이다. 초대형 유리 탱크 안에 죽은 수탉과 소를 통째로 담은 데미언 허스트 Damien Hirst의 작품 '콕 앤 불 Cock and Bull'을 바라보며 스테이크와 치킨을 맛보는 독특한 콘셉트로 꾸민 이곳에서는 마크 힉스 특유의 위트와 예술성, 맛에 대한 감각을 경험할 수 있다. 시즌에 따라 차이가 있지만 세이지와 양파로 속을 채워 닭발까지 통째로 구운 '로스트 인디언 록 치킨'과 치킨에 빵가루를 묻혀 튀긴 '그릴드 치킨 에스칼로프' 등 여럿이 나눠 먹을 수 있는 셰어링 다이닝에 초점을 맞췄다. DJ 부스에서 항상 음악을 틀어놓아 떠들썩한 분위기 속에 미식을 즐길 수 있는 장소로, 도싯 지역의 200년 된 파머스 브루어리와 협업한 힉스 Hix 병맥주와 영국 스파클링 와이너리 햄블던 비니어드 Hambledon Vineyard와 함께 제작한 와인도 맛볼 수 있다.

Bistro & Eatery

HACHIDAIME GIHEY

쌀과 밥 짓기에 관한 최고 수준에 도달한 쌀집이자 식당

일본을 대표하는 고급 상점가인 도쿄의 긴자에는 솜씨 좋은 식당이 많다. 하치다이메 기헤이는 그중에서도 밥을 전문으로 하는 식당으로, 쌀 문화권에서 평생 살아온 사람도 이곳의 밥을 먹어보면 큰 충격을 받을 정도로 지금까지 먹던 것과는 전혀 다르다. 인위적이지 않고 미세하지만 힘 있는 향기가 느껴지고, 동남아 쌀처럼 보이지만 쫄깃하게 씹히는 데다가, 완벽하게 익은 쌀의 모양이 하나도 흐트러지지 않아 독보적인 식감을 자랑한다. 하치다이메 기헤이는 교토 기온에서 8대째 이어져 내려오는 쌀집이기도 한데, 밥에 관련한 모든 것을 최고 수준으로 다듬었다. 적절한 식감을 내기 위해 최대 12종류의 쌀을 섞고 쌀을 불리는 시간과 쌀 씻는 방법, 사용하는 물의 종류, 도자기 명소 아리타에서 맞춘 솥과 화력을 조절하는 전용 장치, 심지어 '끓이고, 찌고, 굽는' 밥 짓기의 3단계 과정과 계절별 매뉴얼까지 모두 정해져 있다.

Bistro & Eatery

26

카림스
16, Gail Kababiyan, Urdu Bazar Road, In front of
Jama Masjid Gate No.1, New Delhi

India

KARIM'S

무굴제국의 궁중 요리를 대중화한 인도 델리의 유명 레스토랑

인도 카림스는 무굴제국의 마지막 궁중요리사였던 하지 자히루딘 Haji Zahiruddin이 1913년 창립한 이래, 후손들이 대를 이어 운영하는 궁중 요리 전문점이다. 소수의 특권이던 황실 요리를 평범한 사람들에게 전파했다는 점만으로도 특별한 이곳은 영국 <BBC>와 <더 타임스 The Times> 등의 매체에 소개되며 델리에서 가장 유명한 레스토랑이 됐다. 인도에서는 동물을 신성시하거나 반대로 부정적 의미로 치부해 돼지나 소 등의 특정 고기를 먹지 않는다. 이들에게 고기는 곧 닭과 양을 의미하는데, 카림스는 양고기나 염소 고기, 탄두리 치킨을 먹고 싶을 때 현지인이 가장 먼저 떠올리는 곳이다. 무굴제국 요리는 말린 과일과 수십 가지의 향신료, 기 Ghee 버터를 잔뜩 넣어 맛이 강렬하고 칼로리도 꽤 높다. 여러 요리 중 현지인과 관광객 모두에게 사랑받는 탄두리 치킨은 뻘겋고 곳곳이 검게 그을린 겉모습과 달리 한 입 베어 물면 촉촉하고 부드러운 육즙이 입 안 가득 퍼진다. 20여 가지의 향신료에 재워 진하고 복합적인 향이 밴 탄두리 치킨과 함께 인도 전통 오븐인 탄두르에 구운 담백하고 고소한 빵, 난과 차파티를 곁들이면 여느 나라에서도 경험하지 못한 이국적인 미각 여행을 떠날 수 있다.

Bistro & Eatery

27

페퍼우드
2 5 Chelsea Ave., Kingston

Jamaica

PEPPERWOOD

저크 치킨의 본고장에서도 손에 꼽히는 전통의 맛

자메이카 사람들이 가장 좋아하는 요리이기도 한 저크 치킨은 레스토랑, 길거리 할 것 없이 어느 곳에서나 두루 사랑받는다. 저크 치킨이 자메이카에서 대중적 인기를 누린 것은 1970년대부터로, 그 뿌리는 자메이카 흑인 노예들의 독립 부족이던 마룬 Maroons의 음식으로 알려져 있었다. 스페인과 영국이 지배하던 시절, 아프리카에서 끌려온 노예 중 농장에서 도망쳐 산속에 숨어든 공동체인 마룬은 위치가 발각되지 않도록 땅을 파고 그 안에 불을 피워 나뭇잎으로 덮은 후 훈연 방식으로 요리를 했다. 상하기 쉬운 고기에는 매운 향신료를 발라 보관성을 높였는데, '저크'는 훈연과 향신료라는 두 가지 의미를 담고 있다. 페퍼우드는 저크 치킨의 본고장에서도 맛으로 인정받는 곳으로, 전통 저크 요리를 상징하는 나무 이름이기도 하다. 이곳 오븐은 깊이 60cm에 숯불이 깔려 있고 그 위에 금속 그릴과 페퍼우드 스틱이 올라가는 구조다. 여기에 캐리비언 전통 향신료로 재운 닭이나 돼지고기를 올려 굽는데, 고기를 익히는 데만 평균 2시간이 소요된다. 페퍼우드 스틱 위에서 느리게 익혀 나무 향이 천천히 배도록 하는 과정은 레시피에서 가장 중요한 포인트다. 정성만큼이나 나무 향이 깊게 스민 고기는 바비큐의 정수라 할 만큼 묵직한 향과 부드러운 식감을 선사한다.

Bistro & Eatery

28

치야 소프라시

Caferağa Mahallesi, Güneşli Bahçe Sk. No:43, 34710 Kadıköy-İstanbul

Turkey

ÇIYA SOFRASI

무궁무진한 토마토 요리를 통한 터키 전통음식의 재발견

1998년 터키 이스탄불 Istanbul에 문을 연 치야 소프라시는 사라져가는 오스만과 아나톨리아 반도의 전통 음식을 되살리는 작업을 통해 세계 각지의 미식가들이 찾는 레스토랑으로 성장했다. 셰프인 무사 다그데비렌 Musa Dagdeviren은 터키를 대표하는 요리사이자 요리학자로도 존경받는 인물이다. 그는 과거 문헌과 옛 요리 서적을 토대로 전통음식을 기록·복원하고 재해석하는 프로젝트를 진행해왔다. 터키 전통 음식의 재발견은 오랫동안 현지인조차 모르고 지내던 새로운 맛을 경험하게 한 동시에, 다양한 토마토 요리를 계승하는 데에도 힘을 실어주었다. 토마토가 터키에 전해진 것은 19세기로 역사가 그리 길지 않지만 과거 아나톨리아 남동부와 지중해, 에게해, 마르마라 등지에서는 토마토를 아주 광범위하게 요리에 활용해왔다. 치야 소프라시의 토마토 메뉴는 웬만한 '토마토 레시피 북'을 방불케 하는 무궁무진한 메뉴로 터키 토마토 요리의 보고(寶庫)라 불린다. 무사 다그데비렌 셰프는 직접 만든 터키의 고추장 격인 살차를 베이스로 감칠맛과 매콤함을 더한 요리를 선보인다. 살차는 한 숟가락만으로도 마법처럼 어떤 요리에든 조화를 이루며 풍미를 높이는 역할을 해 각종 스튜와 오븐, 조림 요리 등에 쓰이는 중요한 재료다.

Bistro & Eatery

"EAT IN"

CURR

CURRY UP

스트리트 문화의 색깔과 감성을 입힌 일본의 커리 전문점

스트리트웨어 브랜드 베이프 Bape의 창립자 니고 Nigo가 프로듀싱한 커리 전문점인 커리업은 전체적으로 자유분방한 분위기를 풍기는 곳이다. 일렉트로 팝부터 힙합까지 경쾌한 리듬으로 채워진 공간에는 커리업의 자체 캐릭터 커리맨 티셔츠, 모자 등 다양한 종류의 굿즈도 진열되어 있다. 현대적 인테리어로 꾸며놓은 가게와 상대적으로 간소화된 메뉴는 기존의 커리 가게에서 찾아볼 수 없는 특징이기도 하다. 미국 가수 퍼렐 윌리엄스 Pharrell Williams가 작명한 가게 이름부터 외관까지 키치한 분위기를 풍기는 이곳은 음식점의 색다른 변주와 도전을 확인할 수 있는 곳이다. 커리와 스트리트 감성의 조합이 전하는 힙한 이미지만큼 커리 맛 역시 남다르다. 가장 인기 있는 버터 치킨 커리와 소 힘줄 커리를 비롯한 15종의 메뉴는 커리업에서 직접 연구하고 조합한 것으로, 이곳에선 두 가지 이상의 커리를 이상적으로 조합하는 데 중점을 두고 있다.

Bistro & Eatery

BIRD LAND

고집스럽게 선별한 닭과 숯이 기본이되는 고급 야키토리 전문점

일본 내 '미식의 성지'로 불리는 도쿄 긴자. 수많은 유명 레스토랑 사이에서도 매일 오후 5시면 가게 안이 만석을 이루는 버드랜드는 <미슐랭 가이드>에 여러 번 이름을 올린 야키토리 전문점이다. 야키토리는 서민적이고 대중적인 메뉴로 여겨지지만, 이곳은 고집스럽게 선별한 재료로 야키토리의 고급화를 선도한다. 주인 와다 도시히로 Toshihiro Wada는 일본농림규격(JAS)에 맞춰 기른 이바라키현 오쿠쿠지 Okukuji 지역의 샤모종 닭만 사용한다. 지방이 적고, 콜라겐과 단백질은 풍부해 탄력 있는 식감을 자랑하며, 고기 특유의 잡내도 전혀 없다. 또 하나의 고집은 숯이다. 기슈(현 와카야마) 지역에서 생산된 최상급 비장탄을 사용하는데, 다른 숯보다 화력이 강해 닭의 감칠맛을 높여주는 맛의 숨은 공신이다. 섬세한 기술로 구운 야키토리는 닭의 기름기는 쏙 빠지고 겉은 캐러멜화돼 쫀득하며, 속은 육즙을 가득 머금어 부드럽고 촉촉하다. 꼬치구이를 비롯해 간을 다져 만든 리버 파테, 덮밥인 오야코동, 오랜 시간 뼈를 우려 만든 수프, 다양한 부위의 살과 물렁뼈를 다져 완자 모양으로 빚은 쓰쿠네까지. 닭 한 마리를 세심하게 나눠 구성한 메뉴를 선보여 특수 부위를 골라 먹는 재미 또한 쏠쏠하다.

Bistro & Eatery

AN "NIKMA

(n Bakung Sari Gg. Biduri No. 6A, Kuta Bali)

와룽 마칸 닉맛
Jl. Bakung Sari, Gg. Biduri No.6A, Badung, Kuta, Bali

Indonesia

WARUNG MAKAN NIKMAT

원하는 음식을 골라 원하는 방식으로 즐길 수 있는 나시 참푸르 전문점

발리의 대표 해변인 쿠타 Kuta에 위치한 와룽 마칸 닉맛은 1994년 문을 연 나시 참푸르 전문점으로, 솜씨가 좋은데다 인심이 넉넉해 점심시간이 훌쩍 지나도 식사나 포장을 위한 손님들로 북적이는 곳이다. 이곳의 직원은 20명 남짓, 오전 6시부터 당일 판매할 요리를 준비하기 시작해 15가지 정도의 사이드 디시를 만든다. 상황에 따라 메뉴가 조금씩 바뀌기도 하지만 큰 틀은 언제나 같다. 인기 있는 메뉴는 닭고기 구이 아얌 바카르 Ayam Bakar, 닭고기 튀김 아얌 고렝 Ayam Goreng, 치킨 커리와 각종 채소 볶음 참차이 Cap Cay다. 이곳의 제너럴 매니저인 시티 줄피아는 나시 참푸르의 매력은 다양한 음식 가운데 고객이 기호에 맞게 직접 선택하는 데 있다며, '템페 Tempeh'라고 부르는 발효 메주 콩 무침을 꼭 추천하고 싶은 반찬으로 꼽는다.

Bistro & Eatery

THE WOLSELEY

런던 최고의 케저리를 선보이는 올 데이 다이닝

더 울슬리는 전통 유러피언 퀴진부터 굴·캐비아 등 최고급 식재료로 만든 다이닝 요리까지 다양한 음식을 선보이는 레스토랑이다. 런던에 산다면 한 번쯤 가봐야 하는 매력 넘치는 곳인데, 그중에서도 백미는 언제나 주문 가능한 아침 식사다. '케저리 Kedgeree'는 외국인에겐 다소 생소하지만 영국인이 사랑하는, 이곳의 시그너처 메뉴다. 14세기에 등장한 인도의 쌀 요리 키츠리 Khichri가 19세기에 이르러 인도를 식민지화한 영국인들에 의해 본토로 전해진 것이 이 요리의 기원. 예전엔 가난한 군인들이 즐겨 먹었지만, 오늘날에는 인도의 어린아이가 처음 접하는 이유식 중 하나로 대중화되었다. 영국인들이 키츠리에 렌즈콩 대신 대구의 일종인 훈제 해덕 haddock을 넣고 커리 파우더 향을 부드럽게 하기 위해 크림과 달걀을 추가하는 등 레시피에 변화를 주면서 지금의 케저리가 탄생했다. 시간을 들여 천천히 요리하는 더 울슬리의 케저리는 런던 최고로 손꼽힌다.

Bistro & Eatery

GINSHARIYA GEKOTEI

좋은 물로 지은 맛있는 밥을 주메뉴로 선보이는 소박한 가게

긴샤리야 게코테이는 오사카에서 1시간 정도 떨어진 사카이에 있다. 사카이는 1300년대부터 1500년대까지 일본 무로마치시대에는 국제 무역항으로 번성했지만 이후 에도시대의 쇄국정책으로 발전이 멈춘 곳인데, 긴샤리야 게코테이의 뛰어난 밥맛은 의외로 이 역사와 이어져 있다. 사카이는 한때 간사이에서 가장 부자 동네였고, 일본 다도(茶道)계의 위인 센 리큐도 사카이 사람이었다. 그에 따르면 차에서 가장 중요한 것은 물인데, 밥도 마찬가지다. 이곳의 물로 밥을 짓기 때문에 긴샤리야 게코테이의 밥이 맛있다는 것이 '밥의 신선'으로 불리는 창립자 무라시마 쓰토무의 설명이다. 아흔이 넘은 그는 전문 경영인에게 경영을 맡기고 후진 양성에 주력하면서 틈틈이 가게에서 손님을 맞는다. 긴샤리야 게코테이에서는 지름이 50cm쯤 되는 큰 솥에 계속해서 밥을 짓는다. 메뉴는 밥 하나뿐인데 반찬이 많은 편. 한국의 기사식당처럼 부담 없고 편안한 분위기지만 밥맛만큼은 여느 훌륭한 식당 못지않다. 매출의 60%를 식재료를 구입하는 데 쓸 정도라고 하니, 맛의 퀄리티는 이미 보장된 셈이다.

Bistro & Eatery

ROXIE

제철 식재료의 온전한 활용으로 선보이는 다채로운 자연의 맛

셰프 아니카 마센 Anika Madsen이 이끄는 노르딕 비스트로 록시는 전 세계 식문화에서 받은 영감을 자신만의 호흡으로 풀어내는 레스토랑이다. 록시는 뉴 노르딕 퀴진의 대표 격인 레스토랑 카도 Kadeaud와 긴밀하게 협력하는 '카도 패밀리'의 일원이기도 하다. 최소한의 재료로 조리해 식재료 본연의 맛에 집중하고, 믿을 만한 로컬 농장에서 지속 가능한 방식으로 자란 제철 재료를 신뢰한다는 점에서 카도의 DNA가 진하게 느껴진다. 제철 재료 중에서도 허브와 베리는 록시에서 빠지지 않는 식재료 중 하나다. 제철의 베리와 허브를 활용할 수 있는 시기는 짧게는 일주일, 길게는 두 달 남짓이기에 록시에서는 즙을 내거나 소금에 절이는 등 다른 계절에도 재료의 흥미로운 질감과 풍미를 즐길 수 있도록 여러 방식을 활용한다. 이 외에도 딸기를 그릴에 구워 향을 가두거나, 요리에 산미를 더하는 방법으로 식초에 담가둔 베리를 사용하는 등 영리한 응용법이 돋보인다. 특히 베리는 열매뿐 아니라 잎이나 줄기 등 다른 부분까지 활용하며 덜 익은 베리도 다양한 발효 방식으로 고유의 신선하고 상쾌한 맛을 보존한다.

Bistro & Eatery

FU HE HUI

현대적 채식의 의미를 새롭게 정의하는 상하이의 그린 퀴진

순수하고 간결한 채소의 맛을 세련된 방식으로 담아내는 상하이의 채식 레스토랑 푸허후이는 정형화된 중국 전통 요리 스타일을 탈피해 미식에 새로운 방향성을 제시한다. 중국에서 채소로만 만든 요리는 그동안 사찰 음식과 동일시 여겨왔다. 토니 루 Tony Lu 셰프는 이런 편견을 깨고, 모두가 즐길 수 있는 현대적인 채식의 의미를 새롭게 정의한다. 채식 레스토랑에서는 대부분 식물성 단백질 고기를 요리에 활용하지만, 이곳에선 고기 특유의 식감이나 향을 배제한 채 요리한다. 식재료가 지닌 다양한 특성을 섬세하게 다루는 토니 루는 맛이 깨끗하면서도 층위가 분명하고, 순수함과 간결함을 느낄 수 있는 채식의 맛을 구현하는 것에 목적을 둔다. 셰프에게 채식은 한계가 많은 장르지만, 그런 면에서 중국의 넓은 땅과 풍부한 자원은 맛의 스펙트럼을 넓혀주는 큰 자산이다. 이곳 메뉴엔 와인이나 주류가 없다. 담백한 맛의 요리가 많아 술을 곁들였을 때 미각이 둔해질 수 있고, 식재료 고유의 은은한 풍미를 충분히 느낄 수 있도록 코스마다 티 페어링을 진행한다. 푸허후이가 생각하는 채식의 가치는 공간에서도 느낄 수 있다. 음식을 먹음으로써 마음을 닦고 정신을 수양하는 과정을 경험하길 바라며, 나무와 돌, 패브릭을 활용해 현대적 방식으로 예술과 자연을 느끼도록 디자인했다.

Bistro & Eatery

HIBIYA
MATSUMOTORO

문화와 예술을 논하던 역사적 커리 가게

1903년 일본 최초의 서양식 공원 히비야 Hibiya 공원이 개장하면서 유럽풍 3층짜리 건물 마쓰모토로도 함께 문을 열었다. 115년 역사를 가늠할 수 있는 큰 수목들에 둘러싸인 이곳은 오픈 당시 일본에서 몇 안 되는 서양식 레스토랑 중 하나였다. 히비야 마쓰모토로에서 커리를 먹고 커피를 마시는 일은 당시 트렌디한 사람들 사이에서 하나의 유행이었다. 소설가 나쓰메 소세키 Soseki Natsume와 시인 다카무라 고타로 Kotaro Takamura의 작품에도 등장할 정도로 젊은 예술인과 문인들이 문학과 철학을 논하는 일종의 카페 소사이어티 Cafe Society로 기능하기도 했다. 레스토랑에서 가장 인기 있는 메뉴 중 하나인 비프 커리는 완성하기까지 총 4일이 소요되는데, 향신료를 볶는 것부터 소스를 만드는 것까지 각각 재료에 맞는 요리 과정을 거친다. 특정 시즌에는 다양한 스타일의 커리를 맛볼 수 있는 커리 뷔페를 열기도 하고, 매년 9월 25일 10엔 이상 기부하면 커리를 먹을 수 있는 '10엔 카레 도네이션' 행사도 진행하는 등 역사와 이야기가 담긴 커리를 파는 레스토랑으로 사랑받고 있다.

Bistro & Eatery

WOO LAE OAK

고소하고 묵직한 육수 맛이 매력적인 평양냉면의 강자

우래옥은 70년 전통의 대표적인 평양냉면 집으로, 현존하는 한국 식당 중 가장 오래된 상표를 지녔다. 1946년 '서북관'이라는 이름으로 문을 연 뒤 한국전쟁으로 문을 닫았다가 휴전 후 영업을 재개하며, 又(또 우), 來(올 래), 즉 '다시 돌아와 문을 열다'라는 의미를 담아 이름을 지었다. 고소함과 묵직함이 느껴지는 우래옥 평양냉면의 진한 육수 맛은 동치미 국물과 육수를 섞는 다른 집과 차별화되는 부분이다. 부재료 없이 특A급 한우로만 육수를 내며, 기름기를 걷어내 맛이 담백하다. 육수와 면발은 주재료 고유의 향이 그대로 느껴질 만큼 심플함이 돋보이지만, 고명은 다르다. 면발 위에 채 썬 배와 새콤하게 절인 무절임과 백김치, 편육을 넉넉하게 얹는다. 맵고 짠 자극적인 음식에 길들어 있다면, 이곳 평양냉면은 '무미(無味)'에 가까울 정도로 심심한 맛이지만 어디서도 비슷한 맛을 찾을 수 없어 매력적이다.

Bistro & Eatery

사보우 무사시노 분코
2 Chome -13-4 Kichijojihon-cho, Musashino-shi, Tokyo

Japan

SABOU MUSASHINO BUNKO

도쿄 시부야에서 이어온 30년 노하우의 커리

수많은 사람이 오가는 시부야 Shibuya 도큐백화점 뒷골목에는 중후한 분위기를 풍기는 사보우 무사시노 분코가 있다. 1985년에 문을 연 이곳은 본래 커피를 제공하는 다방이지만 오너 구사카 시게루 Shigeru Kusaka의 내공이 담긴 커리도 함께 맛볼 수 있는 카페 겸 음식점이다. 식사 메뉴로 판매하는 이곳의 커리는 30년간 구축해온 레시피의 결과로, 음료 메뉴를 즐기러 온 손님도 자연스레 커리를 주문하게 된다. 커리는 여러 향신료를 조합해 만드는데, 첫맛은 씁쓸하고 알싸하지만 계속 먹다 보면 재료 본연의 달콤함이 그대로 느껴진다. 17세기부터 시작된 후쿠오카 Fukuoka의 전통 깊은 고이시와라 Koishiwara 도자기를 식기로 사용하고 있으며, 매장 한편에 갖춰놓은 공간에서 구매도 가능하다.

Bistro & Eatery

OLYMPIA PROVISIONS

포틀랜드에 샤르퀴트리 열풍을 가져온 미국의 수제 육가공 레스토랑

가구 공방과 창고로 가득 찼던 포틀랜드 Portland 동부 산업 시설 밀집 지역 벅먼 Buckman의 거리는 펑키한 바, 개성 있는 레스토랑이 들어서면서 포틀랜드의 미식 신을 바꿔놓았다. 올림피아 프로비전스 역시 이 흐름에 참여한 주역 중 하나로, 여전히 남아 있는 공장 설비가 과거의 모습을 짐작케 한다. 2009년 문을 연 당시에는 샤르퀴트리 Charcuterie(육류로 만드는 햄, 베이컨, 소시지 등의 가공육)를 만들던 곳이었으나, 현재는 레스토랑으로 탈바꿈했다. 육가공품을 이용한 메뉴가 대부분이지만, 해산물 스튜같이 샤르퀴트리의 범주에서 벗어나 다양한 장르의 요리를 선보이기도 한다. 포틀랜드에 살라미 붐을 일으킨 진원지인만큼 12가지 살라미와 다양한 소시지, 생고기를 갈아 만든 파테 Paté까지 여러 종류의 메뉴를 선보인다. 공식 웹사이트에선 이곳 제품을 비롯해 피크닉 바스켓, 홀리데이 키트 같은 특별 구성 세트도 구매할 수 있다.

Bistro & Eatery

세비체 프로젝트
2524 1/2 Hyperion Ave., Los Angeles, CA

USA

CEVICHE PROJECT

이국적 장소에서 즐기는 신선한 산지 직송 해산물 플레이트

예술적 분위기로 가득한 로스앤젤레스 동부 실버 레이크 Silver Lake에 위치한 세비체 프로젝트는 매일 저녁 줄지어 서 있는 손님들로 붐비는 곳이다. 새하얀 대리석과 황동 가구들 사이에 자리한 열대식물과 목재 장식은 1960년대 칼립소 Calypso 음악과 대비되며 이곳의 분위기를 한층 더 이국적으로 만든다. 멕시코 출신 전직 변호사인 이곳의 오너 옥타비오 올리바스 Octavio Olivas는 고향의 기억을 담아 세비체를 자신만의 방식으로 재해석했다. 이곳의 메뉴를 만드는 데 들어가는 해산물은 모두 지속 가능한 어업 방식으로 수확한 것이다. 특히 냉장 보관을 하지 않는데, 매일 아침 멕시코 서쪽 칼리포르니아 반도에서 비행기로 직송되는 해산물만 사용하기 때문이다. 살아 있는 조개를 이용하는 세비체에는 일반 라임보다 작은 키 라임 Key Lime을 곁들이는데, 이는 조갯살에 탄력을 더하고 조개 본연의 풍미와 좋은 조화를 자아낸다.

Bistro & Eatery

CLAMATO

독창적인 해산물 요리를 선보이는 캐주얼 다이닝

파리 11구에 위치한 클라마토는 부드럽고 편안한 분위기에서 최상급 해산물 요리를 맛볼 수 있는 곳이다. 셰프 베르트랑 그레보 Bertrand Grébaut는 셉팀 Septime과 카브 셉팀 Cave Septime에 이어 오래된 오토바이 정비소를 개조해 클라마토를 탄생시켰다. 친환경 수산물을 생산하는 소규모 업체에서 공급받은 재료만 사용하는 그는 섬세하고 창의적인 요리로 삽시간에 파리지앵의 사랑을 받았다. 전 세계 미식 신에서 좋은 평가를 받고 있는 이곳은 신선한 해산물에 어울릴 것 같지 않은 재료를 더해 가볍지만 조화로운 요리를 선보인다. 가벼운 전채 요리부터 독창적인 메인 요리까지 탄탄한 메뉴 구성에 곁들일 만한 고급 와인도 구비되어 있다. 음식 맛뿐 아니라 이곳의 감각적인 인테리어에 걸맞은 플레이팅 또한 놓칠 수 없는 구경거리 중 하나다.

Bistro & Eatery

Interview

Part 1

JOAN ROCA

호안 로카
'엘 세예르 데 칸 로카 El Celler de Can Roca' 헤드 셰프

42

과학을 활용하고 요리를 통해 영혼이 담긴 스토리텔링을 창조하는
스페인 아방가르드 요리 최전선의 지휘자.

세계 최고의 레스토랑으로 꼽히는 비결. 전통이라는 줄기에 창조를 더한 선구자적 태도와 다방면의 전문가가 모여 함께 다져온 삼 형제의 팀워크.

감각을 높이는 요리란. 기본적으로 진정성을 가지고 다가가야 해요. 음식이 어떤 의미를 지니기 위해서는 전통, 기억, 주변 환경, 여행 등과 관련한 스토리를 담고 있어야 하죠. 요리사는 요리를 통해 세상을 이야기할 수 있어야 합니다.

전통과 혁신의 밸런스. 전통을 가장 중요시하거나 더 우선해야 하는 것은 아닙니다. 여러 부분 중 하나일 뿐이죠. 전통은 곧 문화이며, 이와 관련한 깊고 폭넓은 지식은 새로움을 찾아낼 수 있는 원동력을 제공해요. 저희는 스페인은 물론 세계 각국의 전통 요리 방식을 음식에 적용·발전시킵니다.

상상력 넘치는 비주얼. 소믈리에인 둘째 조셉을 통해 와인과 그 향에서, 파티시에인 셋째 호르디를 통해 디저트와 그 달콤한 맛에서 다양한 영감을 받아요. 여러 시도 끝에 로카 삼 형제의 최종 합격을 받은 요리만 테이블에 오를 수 있죠.

영감의 원천. 가장 중요한 것은 우리 안에 있습니다. 우리만의 기억, 추억, 전통,

세계의 와인, 향, 풍경, 여행 등 우리가 살아가는 모든 부분에서 영향을 받아요. 손님들에게 요리를 통해 우리가 있는 곳이 어디인지 전달하는 것이 포인트예요. 우리가 스페인 카탈루냐에 존재한다는 것, 이 지역 식재료를 사용해 헤로나 Gerona의 전통과 문화를 이야기하며 그 안에 우리의 생각을 얹으려고 늘 노력하죠.

R&D 재료 센터 라 마시아. 요리는 물리, 화학을 토대로 한 과학입니다. 플레이트에 담기는 요리는 재료 간 화학반응의 결과물이죠. 라 마시아 La Masia에는 2명의 요리 과학자가 일하고 있어요. 이들의 도움을 받아 과학적 과정을 이해하고 이를 요리에 적용합니다. 한번 이해하면 다양한 방법으로 요리에 풀어낼 수 있어요. 올리브 오일을 냉각시켜 아이스크림을 만든다거나, 단 한 번도 시도해본 적이 없는 식재료를 발효시켜본다거나 하는 식이죠.

첨단 기술과 도구의 활용이 가져온 폐해. 첨단 기술을 요리의 본질보다 우선시해서는 안 됩니다. 맛이나 풍미를 끌어올리는 데 도움을 받을 뿐이죠. 무엇보다 중요한 건 요리의 재료와 테크닉에 대한 깊이 있는 지식을 갖고 자유롭게 창조해내는 능력입니다.

SÉBASTIEN BRAS

세바스티앙 브라
'르 쉬케 Le Suquet' 오너 셰프

기존 미식계의 문법과는 완전히 차별화된 요리 세계를 구축하며 언제나 자신이 살고 있는
땅에서 난 식재료에 존경을 표하고 이를 창의적으로 풀어내는 사색적 셰프.

한적한 고원지대. 오브라크는 아버지 미셸
브라 Michel Bras와 제가 태어나고 자란
땅이에요. 조부모부터 3대째 이곳에서
브라가의 요리를 이어오고 있습니다.

프랑스 최고의 미식 레스토랑. 이 척박한 지방은
창의적 요리를 하고자 했던 아버지에게는
명백한 걸림돌이었지만 시간이 지나면서
외부의 영향을 받지 않고 제한된 식재료로
요리해야 하는 '불리한 조건'들이 아버지가
기존 미식계와 완전히 차별화된 요리
세계를 구축할 수 있었던 가장 강력한
동인이 되었습니다.

당신이 생각하는 프랑스 요리. 요리라는 창작
행위는 한 사람이 지나온 역사와 그가 발
딛고 있는 땅, 그를 겸탄하게 만드는 것들,
깊숙한 내면의 감정을 타인과 나누고자
하는 욕구의 발로입니다. 프랑스는 다양한
자연환경이 공존하는 나라예요. 제가
아는 한 거장이라 평가받는 프랑스의
셰프들 모두 접시를 통해 자기 자신과
고장의 이야기를 들려주었고 이는 여전히
유효하다고 생각해요.

독자적 스타일 구축. 지역 농산물을 사용하되
여행을 통해 타국의 식재료 가공법이나
조리법을 응용하고 참신한 재료
조합을 연구함으로써 저만의 스타일을
구축해왔어요. 10년 전부터 직접 가꾸기

시작한 식용 정원은 제 창작의 스펙트럼을
넓히는 데 아주 중요한 역할을 해요.

봄에만 문을 여는 레스토랑. 겨울철에 문을 닫는
것은 1970년대부터 이어온 우리 가족의
전통이에요. 식물 중심의 요리를 기반으로
하는 레스토랑에서 겨울철 영업을 하려면
식재료를 다른 지역에서 공수하거나 냉장
보관해야 하죠. 이는 셰프로서 '살아 있는
요리'를 만들고자 하는 저의 철학과도
상충되는 일이고요.

예술과 건축, 플레이팅에서도 드러나는 남다른 감각.
카메라와 노트를 항상 몸에 지니고 다니며
자연이 만들어내는 조형적 디테일이 담긴
사진을 많이 찍곤 합니다. 요리와 더불어
라기올 Laguiole 고원의 투박하면서도
간결한 풍경, 빛과 식물, 건축과 인테리어
등 이 공간을 구성하는 모든 요소를 통해
'지금 여기'에만 존재하는 미식 경험을
선사하는 것을 목표로 하고 있어요.

미슐랭 스타를 반납한 이유. 이제는 명성을
좇기보단 저와 함께 일하는 모든 협력자와
저의 음식을 맛보기 위해 먼 길을 달려오는
손님들을 행복하게 해주는 일에 전념하고
싶습니다.

FRANCO FUBINI

프랑코 퓌비니
'나투라 Natoora' 오너

농산물 품종의 다양성과 퀄리티를 중시하며 음식 시스템의 근본적 변화를 도모하는
농산물 브랜드, 나투라의 수장.

나투라. 유럽 내 200여 곳의 농장에서 생산한 제철 농산물을 판매하는 전문 유통업체입니다.

'맛을 중심으로(Flavour to the Core)'. 이 문구는 저희의 슬로건인데요. 재배 방식이나 친환경 여부도 중요하지만, 맛에는 여러 가지 의미가 있어요. 대표적으로 맛은 문화적 유산을 지키는 보루이기도 하죠.

맛과 문화적 유산의 상관관계. 예를 들어 불스하트 Bull's Heart 토마토는 굉장히 오래된 품종인데, 지금까지 명맥을 이어오고 있는 건 뛰어난 맛 때문이에요. 그 맛을 찾는 이들이 사라진다면 인류는 단순히 종자를 잃는 것을 넘어 그동안 구축해온 재배 방식과 역사, 문화유산의 큰 부분도 함께 잃고 말 거예요.

농산물의 시즌을 강조하는 이유. 인류가 농산물을 해당 시즌에 맞춰 재배하고, 제철 농산물을 섭취하는 행위는 농산물을 생산하는 가장 논리적이고 타당한 방법이기 때문이죠. 지난 20년간 과학기술이 비약적으로 발전하면서 인간은 자연과 점차 멀어졌어요. 제철이라는 것이 아무 의미 없는 단어가 됐죠.

마이크로시즌. 자연은 우리에게 언제 무엇을 먹어야 하는지 말해줘요. 인간이 다시 자연과 밀접한 관계를 맺을 수 있는 유일한 길은 음식의 제철을 지키는 것이라 생각해요. 그래서 저희는 사계절이 아닌 365일을 세세하게 구분한 '마이크로시즌' 개념에 주목합니다.

마이크로시즌에 맞춘 품종 관리의 어려움. 디테일에 세심하게 주의를 기울이기 때문에 직원들이 알아야 할 것이 많아요. 최소 1년은 근무해야 저희가 취급하는 모든 농산물을 볼 수 있는데, 그것들이 어디서 오는지를 일일이 기억하는 것도 쉽지 않은 일이죠. 각 품종의 특성과 시즌, 보관법, 맛있게 먹는 법 등 숙지해야 할 정보가 많아서 직원 교육은 저희가 크게 투자하는 부분이기도 해요.

추구하는 지향점. 식재료 시스템의 유의미한 변화를 이끌고 싶어요. 보통의 슈퍼마켓 체인은 농산물을 1년 내내 공급할 수 있도록 시스템을 정비하고, 자연에서의 정상적인 생장 기간을 단축시켰어요. 덕분에 농산물 수급은 용이해졌지만 품종의 다양성과 맛의 깊이는 사라졌어요. 하지만 이제 사람들은 슈퍼마켓에서 흔히 보는 품종보다 훨씬 질 좋고 맛있는 농산물이 존재한다는 사실을 알고 있고, 이를 찾고 소비하길 원합니다.

JAMES MONTGOMERY

제임스 몽고메리
'몽고메리 Montgomery' 오너

세계 치즈 어워드를 석권하고, 자신이 믿고 있는 좋은 치즈의 원칙을 지켜가는 것이 진정한 아르티장의 길이라고 믿는 치즈메이커.

몽고메리. 규격화된 치즈에 염증을 느껴 저희 할아버지의 레시피를 충실히 따르는 아르티장 방식의 체더 Cheddar 치즈를 만들고 있어요. 매년 세계 치즈 어워드를 휩쓸며 애호가 사이에 최고의 체더로 인정받고 있습니다.

아르티장 치즈의 정의. 꼭 전통 방식을 따라야 할 필요는 없다고 봅니다. 생산자가 자신이 믿고 있는 좋은 치즈의 원칙을 꼼꼼하고 정직하게 따라가는 것이라 생각해요.

농장을 운영하는 이유. 다른 농장에서 원유를 구입해 좋은 치즈를 만들 수 있는데도 굳이 직접 소를 키우는 이유는 생산 과정을 처음부터 끝까지 관찰하며 보다 넓은 시야를 갖기 위해서예요. 모든 과정이 오차 없이 잘 진행되는지 확인할 수 있으니까요.

몽고메리 체더치즈 맛의 특별함. 영국이 아닌 다른 문화권에 있는 사람들은 흔히 체더를 마일드한 치즈로 여기는데요, 몽고메리 체더의 맛은 마일드함과 거리가 멉니다. 소가 누워 있는 밀짚, 농장의 흙이나 지하수, 그 주의 강수량, 혹은 제가 내리는 사소한 결정 등 수많은 변수가 작용해 몽고메리 체더의 차별화를 만들어낸다고 생각해요.

생산 회차마다 다른 풍미의 치즈 맛. 가장 크게 작용하는 부분은 스타터 Starter가 아닐까 생각해요. 저희가 선호하는 박테리아는 복잡한 맛을 유도하는 유전적 특성을 지닌 것인데, 연구소에서 개발한 것이 아니라 1950년대에 영국의 시골에서 채집한 것입니다.

유럽연합의 원산지 명칭 보호 PDO인증을 받지 않은 이유. 저희의 기준이 PDO가 정한 것보다 훨씬 까다로워서 PDO에 큰 관심이 없습니다.

아르티장 서머싯 체더 연합. 서머싯 Somerset에서 아르티장 치즈를 만드는 킨스 Keens, 웨스트콤 Westcombe 농장과 함께 만든 단체예요. 생우유, 특히 농장에서 직접 생산한 원유를 재료로 써야 하고, 전통적 스타터와 동물성 레닛 Rennet(치즈의 응고를 돕는 효소)을 사용하며, 천으로 덮어 11개월 이상 숙성시켜야만 그 이름을 쓸 수 있죠.

치즈 생산 방식의 미래. 시장에서 무엇을 원하는지와 항상 직결될 거라고 생각합니다. 개별 포장이 체더의 생산 방식을 바꾼 것처럼. 정통 치즈에 대한 관심과 수요가 존재하는 한 치즈몽거 Cheesemonger나 델리는 존재할 테고, 이들과 더불어 아르티장 치즈도 사라지지 않을 겁니다.

MIWA EZAWA

에자와 미와
'스마일스' 부사장

46

일본 최대 수프 전문점 수프 스톡 도쿄의 아르바이트생으로 시작해
모회사 스마일스의 부사장으로 재직 중인 일본의 주목받는 여성 기업가.

2018 포브스 재팬 우먼 어워드 수상. 약 15년 전 수프 스톡 도쿄에서 아르바이트를 시작해 현재 스마일스의 부사장으로 일하고 있어요. 포브스 재팬 우먼 어워드 2018에서 '2018 체인지메이커'로 선정되는 영광을 누렸습니다.

모회사 스마일스. 스마일스 Smiles는 일본 최대 수프 전문점 체인인 '수프 스톡 도쿄 Soup Stock Tokyo'부터 셀렉트 리사이클 숍 '패스 더 바톤 Pass the Baton' 등을 운영합니다.

스마일스가 추구하는 방향성. 생활 가치의 확장(Expanding Lifestyle Value)을 기본 철학으로 삼아, 바쁜 일상 속에서 간과하고 있는 것들을 들여다보고 삶의 가치를 높이는 일에 집중하죠.

수프 스톡 도쿄의 탄생 배경. 미쓰비시 Mitsubishi 상사에서 최초로 도입한 사내 벤처 제도를 기반으로 1999년에 탄생한 수프 전문점입니다. 건강한 수프를 통해 식생활의 질을 한 단계 끌어올리는 것을 화두로 삼고 있어요.

감각적인 브랜딩. 블랙과 화이트로 꾸민 매장은 다채로운 수프의 색을 더욱 돋보이게 만들었습니다. 심플한 로고와 모던한 인테리어는 전 연령층을 아우르는 장치가

되었고요.

매년 개최하는 커리 스톡 도쿄 이벤트. 저희에게 커리 메뉴도 있다는 사실을 적극적으로 알려야겠다는 생각에서 시작했죠. 수프 스톡 도쿄에서 수프를 볼 수 없는 유일한 날이에요.

수프 스톡 도쿄 커리의 특징. 다양성. 일본 커리를 떠올릴 때 예상 가능한 커리가 아닌, 상식의 틀을 깬 커리를 선보이기 위해 노력하고 있습니다.

첫 번째 커리 전문 숍. 커리 전문 숍 '이에로'는 오사카에 위치한 곳으로, 가게 이름은 옐로를 일본어로 표기한 거예요. 동서양 문화를 적절히 혼합한 공간인데, 런던에 사는 투자자와 일본인 음악가가 의기투합한 곳이라는 가상의 스토리를 더해 재미를 줬습니다.

경영 철학. 매일같이 저 자신에게 질문을 던집니다. 프로젝트를 기획할 때 그 일을 하면 설렐까, 우리의 결과물이 누군가를 행복하게 할 수 있을까? 직원 185명, 아르바이트 점원 1,500명이 저희 브랜드의 얼굴로 즐거운 목소리를 낼 수 있는 문화를 만들어가기 위해 함께 노력하고 있어요.

DOMINIQUE PERSOONE

도미니크 페르소네
'초콜릿 라인' 대표 & 쇼콜라티에

**식재료의 조합에 대한 과학적 지식의 탐구와 호기심, 즐거움을 향한 탐닉을 멈추지 않고
세상에 없는 초콜릿을 만드는 연금술사.**

독창적 초콜릿의 시작. 셰프로 일할 때 주방에서 겪은 다양한 경험과 식재료를 과학적으로 연구한 자료에서 영감을 얻었습니다. 굴, 잡초, 아마존 개구리, 콜리플라워, 캐비아 같은 생소한 재료를 사용해 초콜릿을 처음 만들기 시작했을 때 사람들은 저보고 미쳤다고 했어요.

특이한 초콜릿. 록밴드 롤링 스톤스 멤버의 생일 선물로 만든, 초콜릿을 코로 흡입하는 형태의 초콜릿 슈터와 헬륨 가스로 만든 날아다니는 초콜릿을 꼽을 수 있습니다.

맛에 대한 꿈. 저에게 음식과 음료는 세상에서 가장 아름다운 존재예요. 항상 음식에 대해 생각하죠. 음식을 정말 사랑하고 계속 생각하다 보면 머릿속으로 레시피가 떠올라요. 드럼과 기타 소리를 떠올리며 곡을 쓰는 뮤지션들처럼요.

재미와 맛의 균형. 제가 생각하는 본질은 초콜릿 자체의 품질에 있어요. 좋은 초콜릿을 만드는 일을 즐기지만 동시에 재미를 느끼는 것도 저에겐 무척 중요합니다. 음식은 저의 전부예요. 맛을 가지고 노는 것을 좋아하죠. 늘 재료 간 맛의 밸런스를 찾기 위해 다양한 도전을 하고 있습니다.

좋은 초콜릿의 조건. 뛰어난 품종의 카카오가 있어야 해요. 개인적으로 선호하는 카카오는 남미산인데, 남미는 카카오의 원산지이기도 하죠. 물론 로스팅 방식이나 설탕의 종류 등 디테일도 중요합니다. 하지만 초콜릿은 무엇보다 신선해야 해요. 저는 초콜릿 안에 넣을 즙과 필링을 직접 만드는데요, 그 어떤 것도 신선한 재료를 따라갈 수는 없습니다.

젊은 세대를 위한 초콜릿. 대를 이어온 전통적 초콜릿 메이커들은 저를 별로 좋아하지 않아요. 하지만 새로운 세대들은 저희 제품에 열광하죠. 지금까지 새롭고 낯선 맛을 만들기 위해 많은 노력을 기울여왔는데, 이제야 결실을 맺는 듯해요. 초콜릿 라인 Chocolate Line을 찾는 이들에게 저희 초콜릿은 모험 그 자체입니다.

지루함을 탈피하는 법. 어른이 돼서도 마음속에 작은 소년을 간직하는 것이 중요합니다. 저는 어릴 때부터 독특한 소년이었고, 지금도 그 어린 소년은 재미를 추구하고 있습니다. 만약 모두가 똑같다면 얼마나 지루하겠어요?

초콜릿이란? 로큰롤.

Photography

	Intro	Sunghoon Park
48	New Orleans	Sunghoon Park
49	Modena & Reggio Emilia	Sunghoon Park
50	Corsica	Minhwa Maeng
51	Beirut	Tanya Traboulsi
52	Bornholm	Andrea Scalingello
53	Portland	Sangjune Hwang
54	Bali	Sunghoon Park
55	Kamakura	Minhwa Maeng

식문화는 지역의 자연환경과 역사, 라이프스타일을 반영한다. 매거진 <F>가 취재를 위해 선택한 도시들은 자신들의 땅에서 난 식재료를 통해 독창적인 문화를 완성한 미식 신의 본거지다. 미식이 발달한 지역에는 고유의 음식이 있고, 이를 둘러싼 다층적 이야기와 사람, 그리고 환경이 공존한다. 최고의 혹은 최초의, 최신의 맛을 찾아 떠나는 여정은 단순한 식도락이 아닌 삶의 방식을 경험하는 일이다.

Region & City

NEW ORLEANS

다양한 인종과 문화를 포용하고 재창조하는 루이지애나주의 최대 도시

1718년 프랑스 식민지이던 뉴올리언스는 스페인 지배를 거쳐, 1803년 비로소 미국 땅이 됐다. 루이지애나주의 최대 도시로 미시시피강을 끼고 있는 이 항구도시는 아프리카 노예 수입의 본산이자 유럽과 미국을 연결하는 주요 거점이었다. 뉴올리언스가 미국 내에서도 독특한 도시로 여겨지는 것은 이런 역사적 배경에서 비롯된다. 프랑스, 스페인 등 유럽인과 흑인 혼혈인 크레올 Créole이 많이 거주하며 건축, 음식, 예술 등 라이프스타일 전반에서 유럽과 아프리카 문화가 결합한 크레올 양식이 주를 이룬다. 흑인 노예들의 음식이던 프라이드치킨과 크레올의 음악이던 재즈는 동일 선상에 놓인 뉴올리언스의 정신적 구심점이다. '다름'에 대한 거부감과 선입견 없이 다양한 인종과 문화에 대한 포용과 재창조로 만들어낸 식문화 역시 도시와 닮아 있다. 흑인 노예들의 음식이었던 프라이드치킨은 유일한 단백질 공급원이자, 그들의 고단하던 삶이 만들어낸 창의적 산물이었다. 이곳에서 프라이드치킨은 규모가 크건 작건 모든 종류의 이벤트에 등장한다. 전통 식당은 물론 파인다이닝, 프랜차이즈에 이르기까지 어디서나 프라이드치킨을 즐길 수 있다. 고급 문화와 대중성 어디에도 속할 수 있는 평등한 프라이드치킨처럼 뉴올리언스는 유연한 감성으로 가득 찬 도시다.

Region & City

MODENA & REGGIO EMILIA

발사믹 식초와 파르미지아노 레지아노 치즈, 두 독보적 맛이 탄생한 도시

이탈리아 북부 에밀리아로마냐주에 속한 모데나는 16세기부터 학문과 예술의 중심지로 번성했으며 페라리, 람보르기니, 마세라티 등 자동차 산업으로도 유명한 곳이다. 모데나 Modena와 같은 주에 속한 레지오에밀리아는 농업과 농기계 제조업이 발달한 도시다. 소박한 두 도시를 한데 묶을 수 있는 것은 둘을 관통하는 공통점이 있기 때문. 바로 독보적인 향과 맛을 지닌 발사믹 식초의 발생지라는 사실이다. 이 두 지역에는 집안에 아기가 태어나면 발사믹을 담은 한 세트의 통, 바테리아 batteria를 선물하는 전통이 있을 정도로, 이곳 사람들에게 전통 발사믹은 그들 피의 일부다. 오랜 숙성을 거쳐 완성되는 발사믹과 더불어 장기 숙성 치즈인 파르미지아노 레지아노 역시 이 지역의 식문화를 대표한다. 슬로푸드를 중심으로 자연에 가까운 건강한 라이프스타일을 추구하는 숨은 미식의 도시답게 파인다이닝부터 몇 백 년 전통의 가정식 레스토랑에 이르기까지 다양한 층위의 맛을 경험할 수 있다. 특히 마시모 보투라 셰프가 이끄는 미슐랭 3스타 레스토랑 오스테리아 프란체스카나는 이탈리아 미식의 전통과 혁신을 모두 경험할 수 있는 장소로 꼽히며 여행의 목적지로 그 가치를 인정받고 있다.

CORSICA

자연보호 구역으로 지정된 청정한 땅, 프랑스 미식의 섬

코르시카는 프랑스와는 다른 뚜렷한 문화적 특성을 완고하게 지켜온 지중해 문화의 보고다. '미식의 섬'으로 불리는 이곳은 지중해의 맑은 바다가 높은 산맥들을 감싸 안으며 광활한 대지만큼이나 풍부한 자원을 갖추었다. 유네스코 세계문화유산으로도 등재된 스칸돌라 Scandola를 비롯해 코르시카섬의 3분의 2는 자연보호구역으로 지정돼 있다. 식품 가공업을 제외한 여타의 공업 시설 하나 없고, 도로조차 함부로 내지 못하는 규제를 통해 코르시카는 오늘날에도 산업화와 지나친 관광 개발에 저항하며 고유의 지역성과 자연환경을 유지하고 있다. 청정 자연의 산물인 빼어난 식재료가 다양한 코르시카에서는 매해 4월 미식 축제인 아르테 구스투 Art'è Gustu가 열린다. 지역의 특색 있고 우수한 식재료 생산자와 소비자를 연결하는 플랫폼으로, 앰버서더인 파티시에 피에르 에르메 Pierre Hermé를 비롯해 미식 신에서 팬덤을 형성한 거장들과 스타 셰프들이 섬의 식재료를 활용해 독창적인 플레이트를 선보인다. 특히 프랑스 최초로 지역 꿀에 대한 개념을 인정받은 코르시카 꿀은 프랑스 원산지 명칭 보호인 AOC(Appellation d'Orgine Controlee)와 AOP(Appellation d'Origine Protégée)를 모두 획득한 유일한 꿀 생산지다. 코르시카는 프랑스 내에서 연간 꿀 생산량이 가장 적지만, 계절마다 개성 있고 품질 좋은 꿀을 만들어내 지역명이 곧 하나의 브랜드로 인식된다.

Region & City

BEIRUT

지리적 중요성, 이국적 아름다움, 일상 속 미식의 즐거움이 공존하는 레바논의 수도

레바논의 수도 베이루트는 지중해 동쪽 해안에 면해 있는 상업, 금융, 교육, 문화의 중심지로, 수많은 상품을 수입·수출하는 중계 무역항으로서도 중요한 도시다. 또한 과거 내전으로 인해 도시 곳곳이 파괴되는 등 많은 어려움을 겪었지만, 동양과 서양의 감성이 혼재된 이국적인 도시로 '중동의 파리', '중동의 베네치아' 등으로 불리는 아름다운 휴양지이기도 하다. 요리 역시 상당히 인상적인데, 맛은 물론 다양성 측면에서도 미식가들의 극찬을 받아온 레반트 퀴진은 최근 채식 열풍에 힘입어 더욱 주목받고 있다. 각종 콩과 올리브 오일, 레몬 등으로 만든 후무스 비 타히니 Hummus bi Tahini나 팔레펠 Falafel과 같은 레바논의 전통 요리는 전 세계 어디서나 즐길 수 있는 국제적 메뉴이자 건강식의 상징이다. 베이루트의 비좁은 골목길 어디서나 마주치는 구멍가게 '홀 인 더 월 Hole in the Wall'은 레바논 일상식을 맛볼 수 있는 최고의 선택이다. 현재 베이루트는 새로운 레바논 음식을 싹 틔울 만한 경제적·문화적 토대가 부족한 도시라는 의견도 있지만, 최근 지속 가능한 식문화 발전에 대한 관심이 높아지며, 지역 재료와 메뉴 등을 되살리는 플랫폼과 이들을 이끄는 혁신가들이 속속 등장하고 있다.

Region & City

BORNHOLM

야생 식재료의 보고이자 덴마크인들의 휴양지

보른홀름은 덴마크에서 180km 거리에 있는 발트해 중간에 위치한 섬으로, 북유럽 특유의 거칠고 웅장한 풍광을 간직해 덴마크인들에게 휴양지로 사랑받는 곳이다. 남부 해안의 모래사장과 북부 해안의 절벽, 섬 중앙에 자리한 덴마크 최대 규모의 숲, 중세 시대에 지은 특이한 원형 교회 등 휴양객과 관광객을 매료시킬 수 있는 곳이 차고 넘친다. 이런 보른홀름이 지닌 또 하나의 명성은 베리, 버섯, 허브 등 다양한 채소와 과일부터 해산물에 이르기까지 각종 야생 식재료의 보고라는 점이다. 비옥하고 기름진 토양과 숲과 해안가, 바위 지대 등 다채로운 자연환경 덕분에 이곳에선 북유럽에서 자라는 식재료 대부분을 볼 수 있다. 야생 채집을 통해 지역 식재료를 사용하는 것을 중시하는 뉴 노르딕 퀴진의 관점에서 볼 때, 북유럽 야생 식재료의 보고라 불리는 보른홀름은 그야말로 축복의 땅이다. 이는 "야생 채집은 대체 불가능한 식재료를 구하는 행위"라고 말하는 셰프 니콜라이 뇌레고르 Nicolai Nørregaard의 미슐랭 2스타 레스토랑 카도 Kadeau가 이곳에 존재하는 이유이기도 하다. 니콜라이 뇌레고르 셰프뿐 아니라 레네 레드제피 René Redzepi를 비롯해 북유럽을 대표하는 많은 셰프가 보른홀름을 찾는 까닭 역시 이와 무관하지 않다.

Region & City

PORTLAND

창의적이고 올바른 푸드 신을 완성한 도시

포틀랜드에선 자연스러움 그 자체가 멋이 된다. 주변을 의식하지 않는 자유로움이 창의성을 만들었고, 무엇이든 시도해볼 수 있는 용기가 에이스호텔 Ace Hotel, 스텀프 타운 Stumptown과 같은 힘있는 독립 브랜드를 만들었다. 작은 브랜드들이 많이 생겨날 수 있는 건 포틀랜드 특유의 포용력 때문이기도 하다. 주거지와 상권이 좁은 골목에 오밀조밀 모여있어 공동체 정신도, 환경보호의식도 빠르고 단단하게 공유한다. 그 덕에 식음료 업계에서도 내추럴 와인이나 크래프트 맥주, 새로운 변화를 시도하는 다양한 커피 관련 브랜드들이 각자의 목소리를 내며 새로운 라이프 스타일을 만들어가고 있다. 포틀랜드는 건강한 푸드 신에 대한 열풍을 일으킨 중심지이기도 하다. 지속 가능한 삶에 대한 끊임없는 관심은 로컬 고유의 식재료와 이를 재배하는 방식에 대한 검증으로 이어졌으며 이렇게 생산된 식재료는 '팜 투 테이블'을 가능케하며 포틀랜드 사람들의 아낌없는 지지를 얻는다. 이는 식재료 뿐 아니라 포틀랜드의 모든 소비 패턴과 연결된다. 포틀랜드에 대한 관심이 높아지면서 외부 자본의 투입으로 외식 업계 역시 다변화되고 있다. 이탈리안 레스토랑부터 스테이크 전문점, 해산물 전문 레스토랑까지. 다양성을 중시하고 지지하며, 협력하는 지역 특유의 문화는 유입된 자본에 힘입어 포틀랜드 미식 신의 새로운 장을 써내려 가는 중이다.

BALI

미술, 웰니스, 힌두 문화, 그리고 쌀알로 채워진 아름다운 도시

발리는 천혜의 자연환경과 다양한 힌두 신들을 모시면서 형성된 아름다운 힌두 문화까지 두루 갖춰 전 세계 관광객의 발길이 끊이지 않는 곳이다. 특히 우붓을 중심으로 발전한 미술 문화와 '웰니스' 라이프스타일은 잠깐의 휴양을 위해 이곳을 찾은 사람들의 발길을 붙잡아 정착하게 만드는 힘이 있다. 감탄을 자아내는 계단식 논의 풍광도 빼놓을 수 없다. 인구 2억 3천800만명 중 절반 가량이 농촌 인구이며 연간 쌀 소비량이 일인당 150kg으로 인도네시아 안에서도, 발리 인들의 삶은 특히 쌀과 깊이 연결되어 있다. 현대적인 조리법이 발달한 자카르타나 강황 사용 빈도가 높은 수마트라섬에 비하면 발리는 간단히 조리한 흰쌀밥을 많이 섭취한다. 이슬람교인이 90%인 인도네시아에서 유일하게 힌두교를 믿는 섬이라 쌀과 얽힌 종교 의식도 다양한 편이다. 인도, 중국, 중동 등으로부터 영향을 받은 다채로운 향신료가 흰쌀과 만나 발리니즈 푸드의 기반이 완성됐다. 그중 '밥'을 뜻하는 nasi, '볶음'을 뜻하는 goreng이 합쳐진 나시고렝은 발리인들의 소울 푸드로 꼽히는 요리다. 쌀알이 가늘고 길쭉한 장립종 안남미를 큰 웍 wok에 볶아내는 이 요리는 새우와 생선을 발효시켜 만든 페이스트 트라시 Terasi를 넣고 조리했기 때문에 무더운 열대성기후에서도 보존성이 높다. 인도네시아 전역에서 나시 고렝을 판매하는 노점이나 식당을 쉽게 찾아볼 수 있을 정도로 확고히 자리잡았다.

Region & City

KAMAKURA

지역 채소를 올린 소박한 한그릇 음식으로 행복이 충전되는 도시

도쿄에서 전철로 남쪽을 향해 달리면 한 시간 만에 도착할 수 있는 도시. 삼면이 산으로 둘러싸여 있으며 남쪽은 사가미 Sagami만을 향하고 있는 한적한 소도시다. 이 지역을 영화나 만화 같은 작품을 통해 알아채는 이들이 많다. 영화 <바닷마을 다이어리>의 한적한 풍경이나 만화 <슬램덩크>, 영화 <핑퐁>, 드라마 <태양의 노래> 등의 주요한 배경이었기 때문이다. 가마쿠라는 특히 '채소'로 유명한 도시다. 도쿄의 셰프들이 질 좋은 채소를 구하기 위해 가마쿠라의 식재료 시장을 찾기도 한다. 가마쿠라 채소 덴푸라, 가마쿠라 채소 돈부리 등이 이 도시에서 꼭 즐겨봐야하는 음식 리스트에서 빠지지 않는다. 가마쿠라를 찾는 미식가들의 마음을 뛰게 하는 또 다른 요리는 커리 쓰케멘이다. 도쿄에서 커리 식당을 운영하던 노무라 마사토 Nomura Masato와 가나코 Kanako 부부는 가마쿠라로 거주지를 옮기면서 쓰케멘을 응용한 커리 쓰케멘을 파는 식당 웨이브 Wave를 열었다. 커리 향을 조절할 수 있는 매콤한 커리 쓰케멘과 곁들여 내는 가마쿠라산 채소를 맛보기 위해 사람들의 방문이 끊이지 않으며, 평일엔 80그릇, 주말엔 100그릇 정도가 팔린다. 부부가 새벽 6시부터 가게에 나와 진한 육수를 뽑고 하룻밤 숙성시킨 커리 베이스에 다진 고기를 넣어 되직한 농도의 커리를 정성으로 만드는 덕분이다.

Region & City

Photography

	Intro	Lesley Lau
56	Apollo Bar & Kanteen	Andrea Scalingello
57	Gosnells Upstairs At Coal Rooms	Lesley Lau
58	Kalei Coffee Co.	Tanya Traboulsi
59	Ottolenghi	Minhwa Maeng
60	Honey Brains	Kimmo Kim
61	Rice to Riches	Bojune Kwon
62	Yann Couvreur	Christophe Coënon
63	Dark Sugars Cocoa House	Minhwa Maeng
64	Patrick Roger	Christophe Coënon

카페나 바 신에서 보여지는 일종의 무브먼트는 식문화를 통틀어 가장 흥미로운 장면이라고 해도 과언이 아니다. 건축과 음악 등의 문화예술이나 인문학과의 결합, 로컬 문화에 대한 존중과 열린 교류 등은 전문적 셰프가 모인 레스토랑보다 아마추어적 성향의 카페에서 먼저 꽃을 피우는 경우가 많다.

Cafe & Bar

GOSNELLS
OF LONDON

FREE MEADERY TOUR
EVERY SATURDAY AT 3PM.
AND

2HR MEAD BREWING COURSE
NEXT AVAILABLE ON
25/5/19 AT 11 AM
FOR £30

ENQUIRE AT THE BAR OR
VISIT OUR WEBSITE
GOSNELLS.CO.UK

56

아폴로 바 앤 캔틴
Charlottenborg, Nyhavn 2, 1051, Copenhagen

Denmark

APOLLO BAR & KANTEEN

예술성이 느껴지는 코펜하겐의 트렌디한 스폿

코펜하겐의 현대미술관 쿤스트할 샤를로텐보르 Kunsthal Charlottenborg와 파인아트 아카데미(Academy of Fine Arts)의 안뜰에 숨어 있는 아폴로 바 앤 캔틴은 크고 작은 이벤트가 끊이지 않는 트렌디한 공간으로, 음료와 간단한 요리를 선보이는 바와 건강한 점심 식사를 제공하는 캔틴의 역할을 충실히 해내는 곳이다. 이곳의 대표인 프레데리크 빌레 브라헤 Frederik Bille Brahe는 미식의 도시로 부상한 코펜하겐 구석구석에 신선한 변화를 불러온 인물로, 코펜하겐에서만 개성이 돋보이는 레스토랑 네 곳을 운영하고 있다. 조각상과 물감 자국이 있는 의자들이 놓인 아폴로 바 앤 캔틴에서 사람들이 식사를 하는 장면이 하나의 예술처럼 느껴지는 건 디자인, 건축, 음악 등 그의 입체적 관심사가 곳곳에 반영되었기 때문이다. 아폴로 바 앤 캔틴은 정성이 담긴 편안한 요리를 내면서도 식재료를 통해 변주를 주는 것을 놓치지 않는데, 제철을 맞은 붉고 푸른 베리는 음식의 식감과 색감을 은근하게 돋우며 강렬한 인상을 남긴다. 대표 메뉴는 블루베리 리코타 토스트로, 초창기에는 함께 올리는 잼과 베리의 종류에 변화를 꾀하기도 했지만, 현재는 1년 내내 블루베리를 사용해 맛의 일관성을 유지하고 있다.

Cafe & Bar

57

고스넬스 업스테어스 앳 콜 룸스
11a Station Way, Peckham, London

UK

GOSNELLS UPSTAIRS AT COAL ROOMS

꿀술의 매력을 여러 음료로 선보이는 런던의 칵테일 바

벌꿀을 발효시킨 꿀술 미드 Mead에 매력을 느낀 톰 고스넬스 Tom Gosnells는 2013년 직접 집에서 영국 전통 방식의 미드를 만들기 시작한다. 맥주의 인기에 가려 생산량이 줄 어들던 미드를 아쉽게 여긴 그는 2019년 런던 남동부 페컴 Peckham에 위치한 레스토랑 콜 룸스의 꼭대기 층을 개조해 미드를 주로 취급하는 바를 오픈했다. 이곳의 양조장에서 생산하는 미드에 들어가는 꿀은 모두 다양한 소규모 양봉업자로부터 공수받는데, 이는 지 역마다 다른 꿀맛의 특색을 보여주기 위해서다. 고스넬스가 선보이는 미드는 칵테일 재료 로 사용했을 때도 다른 재료들의 맛과 상충되지 않으면서 은은한 존재감을 발휘하는 것이 특징이다. 유리병에 담겨 유통되다 현재는 이동이 편리한 캔으로도 판매하며, 직접 집에 서 만들 수 있는 키트도 공식 사이트를 통해 구입할 수 있다.

Cafe & Bar

KALEI COFFEE CO.

지속 가능성을 추구하는 베이루트 최초의 소규모 로스터리 카페

칼레이 커피 컴퍼니는 아프리카 대륙의 지속 가능한 농업 개발을 담당하는 비정부기구에 몸담았던 달리아 카팔 Dalia Kaffal이 창립했다. 2015년 내전 이후 방치된 공업 단지에서 문화예술인의 보금자리로 탈바꿈한 마르 미카엘 Mar Mikhaël 지역의 한산한 뒷골목에 문을 연 이곳은 베이루트 최초의 소규모 로스터리 카페로 스페셜티 커피가 전무하던 베이루트 커피 신의 판도를 바꿔놓았다. 낮에는 카페이자 지역의 식재료로 만든 건강한 요리를 내는 레스토랑, 저녁에는 로컬 와인과 맥주, 칵테일을 즐기는 바를 겸하며, 다층적 관점에서 먹거리의 지속 가능성을 생각하는 공간이다. 칼레이의 로스터들은 직접 찾아낸 커피 농가, 협동조합과의 직거래를 통해 커피콩을 공급받고, 그 밖의 식재료 또한 레바논 곳곳의 소작농에게 구매한다. 이색적이게도 칼레이 커피 컴퍼니는 잡지 <더 카튼 The Carton>의 리테일 공간인 더 카튼 숍과 한 공간을 나눠 쓴다. <더 카튼>은 기자이자 미식 비평가로 활동하던 제이드 조르주 Jade George가 창간한 잡지로 중동의 식문화를 조망한다. 칼레이 커피 컴퍼니와 더 카튼 숍을 이끄는 두 명의 창립자는 잡지와 로컬 와인, 현지 상품을 취급하며 먹거리와 지역 문화, 자연환경의 지속 가능성이라는 가치를 공유하고 있다.

Cafe & Bar

OTTOLENGHI

런던에서 경험하는 건강 요리의 다채로운 변주

셰프이자 요리 칼럼니스트인 이스라엘 출신의 요탐 오토렝기 Yotam Ottolenghi는 런던에서 레스토랑 노피 Nopi와 로비 Rovi를 운영하고 있는 스타 셰프다. 그가 자신의 이름을 내걸고 문을 연 오토렝기는 샐러드바 겸 카페로, 중동 스타일의 간단한 샐러드와 식사, 다채로운 디저트를 판매한다. 음식으로 입 안에서 한 편의 드라마를 쓰고 싶다고 말하는 오토렝기는 채소만으로도 다채로운 메뉴를 선보이는 것으로 잘 알려져 있다. 오토렝기에서는 그의 요리책 <오토렝기 : 더 쿡 북 Ottolenghi : The Cookbook>에 실린 채소 위주의 신선한 음식을 만들어 내는데, 비건을 위한 메뉴도 따로 구비하고 있다. 매장 한편엔 고객이 직접 샐러드를 골라 먹을 수 있도록 샐러드바를 마련해두었으며, 대부분의 메뉴가 건강식으로 구성된다. 벨그라비아 외에도 노팅힐, 이즐링턴, 스피탈필즈 등 런던의 여러 지역에 매장을 운영 중이다. 또한 공식 사이트에서는 직접 출판한 요리책뿐 아니라 식재료, 도자기, 주방용품 등을 판매하고 오토렝기의 레시피도 공유하며 이곳의 건강한 에너지를 전하고 있다.

Bistro & Eatery

HONEY BRAINS

꿀을 테마로 뇌 건강에 이로운 식단을 연구하는 뉴욕의 카페

허니브레인스는 뇌질환 예방과 꿀을 테마로 한 카페다. 뇌질환 전문가이자 이곳의 공동 창립자인 앨런 세이펀 Alon Seifan 박사는 알츠하이머 연구를 지속해왔다. 그는 과도한 설탕 섭취로 인한 당뇨병이 알츠하이머와 관계 있다는 연구 결과를 토대로, 그동안 환자들에게 설탕을 대체하는 건강식품으로서 천연 벌꿀을 추천해왔다. 질병 예방을 위한 연구 과정에서 뇌 건강을 돕는 식단에 관심이 생긴 그는 이를 고려한 카페나 레스토랑이 없다는 사실을 알고 친형제들과 함께 허니브레인스를 열었다. 꿀은 뇌 건강에 이로운 것은 물론, 최근 연구에 따르면 프리바이오틱스로서 잠재력을 지닌 만능 영양 식품이다. 천연 벌꿀의 당 성분은 미생물 군집을 튼튼하게 부양해 신진대사와 소화를 증진하는 역할을 한다. 이곳에서는 카페 특성에 맞게 꿀을 올린 토스트와 샐러드 등 간단한 음식과 음료를 판매하며, 모든 메뉴는 뇌신경학에 도움이 되는 재료를 기반으로 영양학자와 셰프가 공동 개발한다. 버몬트주 벤슨과 뉴욕주 커크우드에서 자체 생산한 꿀을 사용하고, 지역의 품질 좋은 꿀도 선별해 판매한다. 인간의 생체 주기를 반영한 서케이디언 조명(Circadian Lighting)과 넓은 테이블 배치 등 카페에 있는 동안 스트레스에서 해방될 수 있도록 공간도 세심하게 꾸몄다.

Cafe & Bar

RICE TO RICHES

독특한 식감의 라이스 푸딩을 파는 디저트숍

라이스 투 리치스는 10년째 뉴욕 소호에서 그 자리를 지켜온 라이스 푸딩 가게다. 다양한 쌀로 만든 레스토랑을 구상 중이던 피터 모세오 주니어 Peter Moceo Jr.는 이탈리아를 여행하다 리조토의 매력에 빠지면서 쌀과 젤라토를 접목한 라이스 푸딩을 주력 메뉴로 삼게 됐다. 쫀득한 쌀의 식감과 크리미한 젤라토의 매력이 더해진 이곳의 라이스푸딩은 '코코넛 코마 Coconut Coma', '구식 로맨스(Old fashioned Romance), '프렌치토스트에 능통한(Flluent in French Toast) 같은 독특한 이름의 다양한 메뉴로 태어났다. 이름만 독특한 것이 아니라, 맛 또한 많은 사람들의 인정을 받아왔는데, 특히 스시를 만드는 데 쓰는 쇼트 그레인 라이스 Short Grain Rice를 사용하는 것이 맛을 완성하는 중요한 요인이다. 이 품종에서 나오는 끈끈한 점액질이 푸딩의 특별한 식감을 더해주고 오레오, 마스카포네, 치즈케이크, 헤이즐넛 등의 다양한 풍미의 토핑을 올렸을 때 자연스럽게 어우러지는 맛을 이끌어낸다. 쌀이 하나의 푸딩 디저트가 되기까지는 약 4~5시간 정도가 소요된다. 매일 이렇게 시간과 에너지를 정직하게 투자해 손님 맞을 준비를 한다.

Cafe & Bar

62

얀 쿠브뢰르
23 bis, Rue des Rosiers, Paris

France

YANN COUVREUR

미학적인 외양과 풍부한 맛을 선보이는 파리의 디저트 전문점

밤색 나무와 금빛 로고로 단순하게 외관을 장식한 얀 쿠브뢰르는 프랑스 파리 마레 지구에 위치한 파티스리 Patisserie다. 파크 하얏트 파리 방돔 Park Hyatt Paris Vendôme, 프랭스 드 갈 Prince de Galles 등 파리 유수의 호텔 파티시에로 활약한 얀 쿠브뢰르는 요리 방법에 여러 변주를 준 특색 있는 디저트를 선보인다. 주문하는 즉시 만들어주는 밀푀유도 유명하지만, 자신만의 방식으로 변주를 준 에클레어와 링 모양의 원형 슈 사이에 크림을 넣은 파리 브레스트도 인기 메뉴 중 하나다. 싱글 오리진 판 초콜릿, 여우 모양의 밀크 초콜릿, 잼 등 다양한 제품군으로 채워진 이곳의 베이커리 메뉴 역시 많은 이의 호평을 받고 있다. 현재는 세 곳의 파리 매장과 영국 해러즈 Harrods 백화점에서 만날 수 있다.

Cafe & Bar

63

다크 슈거스 코코아 하우스
124-126 Brick Ln., Spitalfields, London

UK

DARK SUGARS
COCOA HOUSE

신선한 원료로 기교 없는 정직한 맛을 전하는 초콜릿 전문점

이국적인 디스플레이와 아프리칸 음악이 흘러나오는 다크 슈거스 코코아 하우스는 이스트 런던의 힙 스트리트, 브릭레인 Bricklane에서도 존재감을 발휘한다. 아프리카 서부에서 5대째 카카오 농장을 운영하고 있는 집안에서 자란 창업자 파토우 멘디 Fatou Mendy는 런던에서 경제와 법을 공부했지만 회의를 느끼고 초콜릿 비즈니스를 시작했다. 본격적으로 초콜릿에 관심을 가지면서 남미와 아프리카 등지에서 카카오를 심층적으로 연구한 그는 2013년 다크 슈거스를 론칭했다. 72여 종에 이르는 초콜릿을 선보이는 이곳의 대표 메뉴는 큼직한 다크, 밀크, 화이트 초콜릿 블록을 칼로 얇게 저며 수제 초콜릿 우유 위에 수북이 쌓아 올리는 핫 초콜릿이다. 소규모로 직접 카카오 농장을 운영할 정도로 카카오의 품질을 중점에 두며 매일 신선한 초콜릿을 만든다. 최근에는 DIY 핫 초콜릿 키트와 아이스크림을 출시해 신선한 카카오를 기반으로 다양한 변주를 시도하고 있다.

Cafe & Bar

64

PATRICK ROGER

원산지와 품종까지 깊게 파고드는 섬세하고 예술적인 초콜릿 전문점

프랑스의 쇼콜라티에 파트리크 로제는 초콜릿을 매개로 삼아 예술적인 조형물을 만든다. '맛의 조각가', '초콜릿계의 로댕'이라는 별칭을 통해 그가 얼마나 아름다운 초콜릿을 '조각'해내는지를 짐작할 수 있다. 프랑스 북부 페르슈 마을 출신의 파트리크는 10대 때부터 페이스트리 전문점에서 견습생으로 일했다. 이후 피에르 모뒤 Pierre Mauduit 밑에서 초콜릿을 배우며 조리법과 가공법에 따라 섬세하게 달라지는 초콜릿에 흠뻑 빠져들었다. 그후 2000년에는 프랑스 최고 장인 타이틀을, 2018년에는 프랑스 국가 훈장인 레지옹 도뇌르 슈발리에 Légion d'honneur Cheva-lier를 받으며 최고의 쇼콜라티에로 거듭났다. 파트리크 로제가 초콜릿을 만들 때 가장 신경 쓰는 재료는 카카오 빈과 아몬드다. 카카오빈을 제대로 선별한 뒤 과일 꿀, 견과류를 더해 식감의 완성도를 높이는 데 집중한다. 그의 대표적인 초콜릿 '아마조네 Amazone' 역시 이 과정을 거쳐 탄생했다. 초콜릿 속 숨은 보석 같은 역할을 하는 신선한 아몬드를 생산하기 위해 그는 수년 전부터 아몬드 나무 10만 그루를 기르고 있다. 7년 전 피레네산맥에 인접한 43만m^2 규모의 농장을 인수한 뒤로 페라스타르 Ferrastar, 페랑뒤엘 Feranduel, 아이 Aï, 페라네 Feragnès까지 총 네 가지 품종의 프랑스 토종 아몬드를 재배했다. 파트리크 로제의 '로셰 프랄린 Rochers Pralinés'을 한 입 베어 물면 고소한 프렌치 아몬드의 풍미를 진하게 느낄 수 있다.

Cafe & Bar

Photography

	Intro	Songyi Yoon
65	Jacobsen Salt Co.	Kelly Kang
66	Cinco Jotas	Sunghoon Park
67	Shibakyu	Sangmi Ahn
68	Andante Dairy	Patrick Kim
69	Crown Finish Caves	Yeonjeong Yoo
70	Xuetaifeng	Donghoon Shin
71	Wilkin & Sons Tiptree	Songyi Yoon
72	TCHO	TCHO
73	Air Spice———	Minhwa Maeng
74	Mother Shrub	Mother Shrub
75	Høstet	Andrea Scalingello

글로벌 푸드 신의 화두는 친환경과 웰빙 두 가지로 압축된다. 채식의 인기와 부족한 식량의
대체재로 주목받는 식물 기반 식품의 개발은 혁신적 기술과 아이디어로 무장한 스타트업 브랜드를
중심으로 지속적으로 발전하고 있다. 소금, 간장 등 전통 식품들 역시 고루한 이미지를 탈피하고
감각적 브랜딩을 통해 가치를 높인다. '인스타그래머블 instagrammable(인스타그램에 올리고 싶은
만큼 좋다는 뜻의 신조어)'이라는 개념이 젊은 층의 소비 기준이 되면서 다양한 소셜 미디어를
활용한 홍보와 마케팅은 독립 브랜드를 중심으로 하나의 현상으로 자리 잡았다.

Brand

69300

Salted Caramel
Spread 1x28g

1860

69300

Salted Caramel
Spread 1x28g

1860

JACOBSEN
SALT CO.

JACOBSEN
SALT CO.

SALTY
CHEW'S

JACOBSEN
SALT CO.

SALTY
OLATE
...

JACOBSEN
SALT CO.

SALTY
BLACK LICORICE

MADE IN PORTLAND OREGON USA

NET WT. 7oz / 198g

JACOBSEN

JACOBSEN SALT CO.

미국 소금 산업에 변화를 일으킨 혁신적인 비즈니스 모델

미국 포틀랜드에서 탄생한 제이콥슨 솔트는 소금 산업의 혁신적인 비즈니스 모델이다. 오너 벤 제이콥슨 Ben Jacobsen은 유럽에 필적하는 뛰어난 품질의 소금 생산을 목표로 미국 서부 해안에서 가장 깨끗한 곳으로 꼽히는 네타츠만(Netarts Bay)에 정착, 바닷물을 끓여 소금 결정을 얻는 자염을 생산한다. 시그너처 라인이자 가장 섬세한 맛과 향을 지닌 플레이크 솔트 Flake Salt와 코셔 시 솔트 Kosher Sea Salt, 그라인딩 솔트 Grinding Salt 이 세 가지를 기본으로 무궁무진한 종류의 소금을 만들어낸다. 소금은 작은 식재료에 불과하지만, 모든 음식에 반드시 들어가는 필수 요소다. 이런 특성과 더불어 지역 공동체 의식이 강한 포틀랜드의 독특한 정서와 커뮤니티를 자양분 삼아 포틀랜드를 기반으로 한 브랜드와 활발하게 협업을 진행한다. 와인메이커 존 그로쇼 John Grochau와 함께 만든 피노누아 소금부터 스텀프타운 커피 로스터스 소금과 이를 활용한 커피 메뉴까지. 활발한 협업과 감각적인 패키지 디자인 등 브랜딩을 통해 세계 여러 나라로 수출하는 대표적인 미국 소금이자 포틀랜드를 상징하는 존재로 여겨진다.

Brand

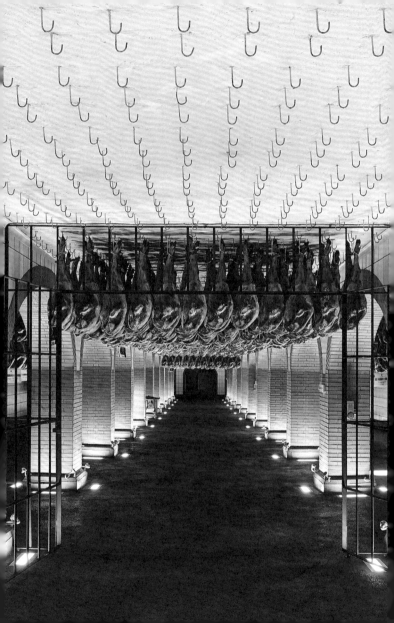

싱코 호타스
Crta. Huelva - Badajoz s/n, 21290, Jabugo, Huelva

Spain

CINCO JOTAS

4대를 걸쳐 이어온 스페인 프리미엄 하몬의 상징

싱코 호타스는 스페인 하몬 Jamón의 상징이다. 100년 이상 거래를 이어 온 고객이 존재하고 스페인 왕실의 하몬을 생산하는 이곳의 모토는 전통의 맛과 제품의 퀄리티 유지다. '대체 불가 프리미엄 하몬'이라 불리는 싱코 호타스의 하몬은 100% 순종 이베리코 데 베요타 Ibérico de Bellota와 카디스 Cadiz만의 과달레테강(Río Guadalete)산 소금, 오직 이 두 가지만 사용해 만든다. 광활한 목초지에서 도토리를 먹고 자유롭게 자란 이베리코 데 베요타의 뒷다리를 사용한 하몬은 고기 손질 단계부터 장인의 손을 거친다. 싱코 호타스를 하몬의 레전드로 꼽는 이유 중 하나는 4대에 걸쳐 이어온 견고한 마에스트로들의 집합체라는 점에 있다. 고기 손질부터 염장, 숙성, 카빙 등 과정별로 존재하는 숙련된 장인들은 싱코 호타스 하몬의 변함없는 맛과 완성도를 높이는 역할을 담당한다. 갓 태어난 돼지에게서 하몬을 얻기까지 5년 반의 시간이 소요되는 싱코 호타스 하몬은 스페인 사람들도 특별한 날에만 구입할 정도로 고가지만, 카빙 전문가인 카버 Caver의 손맛을 느낄 수 있는 경제적인 소포장 라인업도 갖추고 있다. 유럽은 물론 한국을 비롯한 아시아, 북미 등 다양한 대륙에서 유통되고 있다.

Brand

SHIBAKYU

교토 오하라 지역의 800년 전통 쓰케모노를 생산하는 상점

'오래 소신 있게 일한다'는 의미의 시바큐(志ば久)는 교토 오하라 지역을 대표하는 쓰케모노 상점이다. 쓰케모노는 채소를 소금이나 미소, 간장, 술지게미 등에 절인 일본의 대표적인 염장 식품으로, 이를 통해 한 지역의 문화를 이해할 수 있다고 할 만큼 지역 전통과 환경에 따라 만드는 법이 다양하다. 시바큐가 위치한 오하라는 과거 농경지가 적고 소금도 풍족하지 않아 장을 담그는 대신 채소와 소금만을 이용해 식품의 저장성을 높였다. 800년 넘도록 이어진 지역 전통 방식 그대로 채소와 소금만 이용하는 시바큐는 구보 마사루 Masaru Kubo 대표와 형제들이 함께 3대째 가업을 계승하고 있다. 쓰케모노를 담글 때 소금은 무엇보다 중요한 재료다. 시바큐에서는 불순물이 적고 별다른 개성 없이 깔끔한 맛을 내는 오카야마현 세토우치 지역의 소금을 사용한다. 계절과 재료마다 소금의 양이 달라지는데, 현대식 개량법이 아닌 채소를 절인 뒤 생기는 물맛과 상태 변화처럼 오랜 세월 터득한 노하우와 감각에 의해 그 양을 정한다. 일정 시간 발효를 거쳐 유산균의 작용으로 시큼한 맛이 더해진 시바큐 쓰케모노는 장이나 누룩에 절인 것보다 뒷맛이 깔끔하다.

Brand

안단테 데어리
1 Ferry Building #50, San Francisco, CA 94111

USA

ANDANTE DAIRY

장인 정신이 깃든 독특하고 개성 있는 맛의 치즈 명장

안단테 데어리는 미국 최고의 미식 도시인 샌프란시스코에서 미슐랭 스타에 빛나는 셰프들의 입맛을 사로잡은 치즈 브랜드다. 토머스 켈러 Thomas Keller와 미국 모던 요리의 선구자인 찰리 트로터 Charlie Trotter 셰프를 비롯한 샌프란시스코 인근 유명 레스토랑 대부분이 안단테 데어리 치즈를 사용한다. 미국 최고의 치즈 명장이라 불리는 김소영 대표는 20년 넘도록 장인 정신이 깃든 독특하고 개성 있는 맛을 치즈에 담아내고 있다. 낙농업이 발달한 페털루마 Petaluma에 위치한 농장은 미국에서도 품질 좋은 우유가 생산되는 곳이다. 안단테 데어리는 염소 농장과 붙어 있는 덕분에 매일 신선한 염소젖을 공급받아 다양한 치즈를 만든다. 라만차 La Mancha, 누비안 Nubian 등 네 가지 품종에서 얻은 염소젖 치즈는 종류만 해도 100가지가 넘으며, 소젖과 양젖을 이용한 치즈도 10여 가지에 이른다. 김소영 대표는 치즈를 제조하는 일만큼이나 자신이 만든 치즈와 잘 어울리는 맛을 찾는 과정을 중요하게 여긴다. 미식가들이 열광하는 치즈의 탄생 비결은 로컬 식재료 생산자와 셰프들과의 소통을 통해 완성된다. 안단테 데어리 치즈는 여름에는 가볍고 신선한 맛이 나며, 겨울이면 풍미가 더 깊고 농후해진다. 치즈를 통해 계절의 맛을 느낄 수 있도록 늘 노력하는 덕분이다.

Brand

CROWN FINISH CAVES

지역 치즈 장인들의 치즈를 모아 숙성 유통하는 동굴

미국 브루클린 Brooklyn에 위치한 치즈 숙성실 크라운 피니시 케이브스는 재능 있는 장인들이 만든 치즈를 가져다 숙성시킨 후 유통하는 곳이다. 오너 벤턴 브라운 Benton Brown과 수전 보일 Susan Boyle은 역사가 오래된 양조장 건물을 인수해 치즈 숙성고로 변신시켰다. 맥주 양조에 쓰이던 9m 아래의 지하 터널은 치즈를 숙성시키기에 이상적인 조건을 갖춘 공간이었다. 이 동굴은 연중 12℃의 온도와 90% 습도를 유지해 치즈 숙성에 최적의 장소다. 치즈 대부분은 400km 이내에 있는 지역 치즈 장인에게서 공수한다. 치즈 종류에 따라 숙성 기간의 차이는 물론, 소금물이나 맥주 또는 애플 사이다 등으로 치즈 껍질을 씻는 작업이 더해지기도 해 각 치즈에 맞는 전통 숙성 방법에 따라 치즈에 새로운 풍미와 생명력을 불어넣는다. 이들에게 치즈는 복잡하면서도 미묘한 맛을 지닌, 매력적이고 신기한 식품이다. 숙성을 통해 다채롭고 풍부한 맛을 더한 치즈는 장 조지 Jean Georges의 레스토랑인 ABC 키친, 댄 바버 Dan Barber의 블루 힐 앳 스톤 반스 Blue Hill at Stone Barns 같은 유명 레스토랑은 물론 뉴욕 전역의 홀푸드 마켓과 필라델피아, 워싱턴 D.C., 보스턴 등지의 치즈 숍에서 만날 수 있다.

Brand

쉐타이펑
No.1, Chengxizhi Road, Pinghu City, Zhejiang Province, P.R.C

China

XUETAIFENG

100년을 거스르는 가문의 간장 생산법을 계승하는 중국 간장

풍부한 식재료와 수천 년의 경험을 통해 일찍이 식문화가 발달한 중국에서 간장은 맛과 색을 내는 핵심 양념이다. 1869년 문을 연 쉐타이펑은 중국 전통 간장 양조 공정인 저염고태(低鹽高态) 공법으로 고급 간장인 빙유(冰油)를 생산한다. 밀가루에 버무린 콩 자체를 발효하는 중국 간장은 발효 과정 중에 사용하는 소금물 양에 따라 저염고태, 고염희태(高盐稀态)로 생산법이 나뉜다. 빙유는 재료의 비율과 발효, 숙성, 건조 등 양조 과정이 까다롭고 품이 많이 들어 중국 내 생산자가 많지 않다. 중국 간장은 대부분 생산성을 높이고 진한 색과 점도를 내고자 캐러멜과 각종 조미료를 넣는 것이 일반화돼 있다. 쉐타이펑은 건강을 키워드로 좋은 재료와 전통 생산 방식을 고집하며 대두와 소맥, 소금, 설탕, 음용수만으로 빙유를 생산한다. 빙유는 햇볕 건조 과정을 거치면서 간장 표면에 얼음과 같은 소금 결정막이 형성된다. 발효와 숙성을 마친 간장은 커다란 장독에 담겨 여름철 70℃를 육박하는 유리 온실에서 수개월 동안 건조 과정을 거친다. 쉐타이펑 빙유는 빛깔이 짙고 선명하며 농후한 맛을 지녀 최상급 간장으로 분류된다. 쉐타이펑의 간장 제품은 알리바바에서 운영하는 고품질의 신선 식품 전문 매장인 허마센셩과 텐마오 플랫폼 등 고급 식료품점과 셀렉트 숍에서 판매된다.

Brand

WILKIN & SONS TIPTREE

최상의 맛으로 고급 취향을 만족시키는 영국 식료품 브랜드

신선한 채소의 맛을 살리면서도 보존성을 높이는 노하우로 잘 알려진 윌킨 앤 선스 팁트리는 개성 있는 레시피의 잼과 마멀레이드, 각종 소스와 스위츠 등을 생산한다. 130여 년 전 브랜드를 시작한 시점부터 이들은 이렇다 할 광고나 마케팅 없이 오직 제품의 품질과 맛에 대한 철학을 고집스럽게 이어오고 있다. 그중에서도 토마토케첩은 이곳의 대표 제품이다. 윌킨 앤 선스 팁트리에서 토마토케첩을 시장에 선보인 건 2006년부터다. 브랜드 역사를 보존하기 위해 보관해둔 자료 속에서 100여 년 전에 쓰인 토마토케첩 레시피를 우연히 발견하게 됐고, 오리지널 케첩과 버섯 케첩 등 다양한 종류가 기록된 레시피를 그대로 따라 만든 것이 현재 시판 중인 토마토케첩이다. 이곳 토마토케첩은 누구에게나 익숙한 새콤달콤하고 자극적인 맛이 아닌, 웬만한 소스 못지않은 풍부한 맛을 낸다. 방부제나 인공 첨가제 없이 단순한 방식으로 만들며, 최상의 맛을 균일하게 이어가고자 소량 생산 원칙을 고수해 310g 중량의 유리병 기준으로 하루 1만 병 정도만 생산한다. 일종의 페이스트같이 되직한 질감을 지닌 토마토케첩은 향이 진하며 먹고 난 뒤에도 입 안이 텁텁하지 않고 산뜻하다. 오랫동안 영국 왕실과 고급 호텔, 레스토랑에서 사랑받아온 브랜드답게 토마토케첩 역시 고급 취향을 만족시킨다.

Brand

TCHO

카카오 농부들의 비즈니스 자생력을 보장하는 혁신적 빈 투 바 브랜드

초콜릿 벤처기업 초는 나사 NASA 출신의 티머시 차일스 Timothy Childs와 초콜릿 업계의 베테랑 칼 비통 Karl Bittong이 2005년 샌프란시스코에 설립한 빈 투 바 브랜드다. '더 나은 콩에서 더 나은 바까지'라는 슬로건을 내건 초는 초콜릿 산업의 미래가 초콜릿 자체에 있다고 주장한다. 최고의 카카오빈을 생산하는 데 주력하는 초가 추구하는 공정무역은 농부들이 장기적으로 더 나은 카카오를 재배할 수 있는 정보를 제공하고, 좋은 가격에 카카오를 판매할 수 있는 지속 가능한 비즈니스의 기반을 마련하는 것이다. 보통 한 회사가 카카오 소싱, 로스팅, 그라인딩 등 모든 작업을 직접 하는 데 반해, 초는 농부들이 스스로 발효와 건조, 로스팅, 그라인딩을 마친 후 액체 상태로 보내온 초콜릿에 설탕 등을 섞어 완제품을 만든다. 농부 스스로 카카오 가공에 대한 지식을 갖춰야 가능한 방식인 것이다. 또한 초는 1,000가지 이상의 초콜릿 베타 버전을 만들어 약 1년 동안 잠재 고객을 대상으로 맛 평가를 진행하고, 최종 네 가지 제품을 '버전 1.0'이라는 이름으로 출시하는 등 기발한 마케팅으로 폭발적 반향을 일으키기도 했다. 2018년에는 포키 Pocky로 유명한 일본 제과 기업 에자키 글리코 Ezaki Glico에 인수됐다.

Brand

AIR SPICE

일본 커리 문화를 주도하는 '커리 오타쿠'가 만든 향신료 배달 브랜드

에어 스파이스는 스파이스 커리에 넣는 향신료를 소포장해 매월 레시피와 함께 가정에 배달하는 서비스로, 일본 커리 문화의 변화를 보여주는 대표 브랜드다. 4년 전 이 사업에 뛰어든 미즈노 진스케 Jinsuke Mizuno는 '세계 최고의 커리 오타쿠'라고 자신을 소개할 만큼 열정적인 커리 연구가이자, 커리 마니아 사이에서 유명 인사로 통한다. 20년 넘도록 커리 전문 출장 요리사 겸 연구가로 활동해온 그는 매년 마니아적 관점에서 커리 책을 출간하고, 커리 관련 이벤트를 개최하는 등 커리에 관한 지식과 조리법을 알리는 데 누구보다 적극적이다. 스파이스 커리는 강황·정향·계피·커민·코리앤더 등 10여 가지 향신료를 이용하며, 만드는 이에 따라 개성이 뚜렷한 맛을 낸다. 일본에서 커리는 주로 집에서 만들어 먹는 요리로 인식되며 시판 루에서 스파이스 커리로 최근 레시피가 달라져 향신료에 대한 호기심도 증가하는 추세다. 에어 스파이스가 향신료를 전달함으로써 스파이스 커리 만들기에 도전하는 계기를 마련해준다면, 일본에서 주목받고 있는 또 다른 커리 전문가 집단인 '36 체임버스 오브 스파이스'는 스파이스 커리 큐레이터라 할 수 있다. 이들은 잘 알려지지 않은 커리 고수의 요리를 간편 가정식으로 기획·생산한다. 천편일률적인 맛에서 벗어나 새로운 커리 문화를 제시하며 레토르트 커리 시장의 체인지 메이커로 자리하고 있다.

Brand

MOTHER SHRUB

균형 잡힌 맛과 브랜드 고유의 감성을 동시에 전하는 슈러브 브랜드

머더 슈러브는 여러 슈러브(설탕과 과일을 넣어 만든 식초 베이스 음료) 브랜드 중에서도 힙한 감성이 두드러진다. 할머니의 레시피를 물려받아 제품을 만들며, 대표의 남편이 레이블 일러스트를 직접 그렸다는 점도 브랜드에 매력을 더한다. 다양한 식초 음료 중에서도 슈러브는 과일 풍미가 강한 것이 특징인데, 머더 슈러브는 단맛이 튀지 않으면서도 과일 맛이 진하게 느껴지도록 비정제 유기농 사탕수수를 사용해 맛의 균형을 잡았다. 모든 슈러브 제품은 탄산수와 잘 어울리는 베이스 술과 혼합해 즐길 수 있다. 그레이프프루트 슈러브는 테킬라와 탄산수를 넣어 마시고, 라임 슈러브는 맥주에 살짝 섞어 마셔도 좋다. 크랜베리 슈러브는 진토닉에 넣으면 풍미가 깊어지고, 톡 쏘는 맛이 잘 살아 있는 진저 슈러브는 탄산수를 사용해 맛이 강한 진저 에일을 만들 수도 있다.

Brand

HØSTET

덴마크 보른홀름 섬의 토종 베리 시벅손으로 잼부터 맥주까지 만드는 브랜드

북유럽의 자연과 북유럽의 식탁은 떼려야 뗄 수가 없다. 열매를 채집하는 일은 자연을 즐기는 일이자 식탁을 풍성하게 가꾸는 일이기도 하다. 지난 2008년, 덴마크의 보른홀름 섬을 방문한 카밀라 마이스너 Camila Meisner, 매스 마이스너 Mads Meisner 부부가 이곳에 정착하게 된 것도 아름다운 자연과 이 자연에서 영그는 시벅손 Sea Buckthorn 이라는 베리 때문이었다. 이들은 2010년 '수확'이라는 뜻을 가진 덴마크어 회스테트를 브랜드 이름으로 짓고 시벅손을 활용한 제품들을 생산하고 있다. 덴마크 사람들의 기억 속에서 사라진 베리이던 시벅손을 상품화하기 위해 60여 개의 시벅손을 재배하는 스웨덴의 대학 소속 농장과 교류하며 기틀을 다졌다. 수확이 까다로운 베리라 잎, 열매, 씨 등 최대한 모든 부분을 활용해 제품을 만든다. 열매 중심의 씨앗을 모은 후 기름을 짜 오일을 만들고, 단백질 25%가 함유된 시벅손의 잎으로는 콤부차를 만든다. 쓴맛을 내는 씨를 제거한 뒤 즙을 압착한 마멀레이드, 산미가 강해 레몬 대용으로 사용할 수 있는 시벅손 주스, 당분이 많은 다른 베리들과 혼합해 2주간 우려내는 슈냅스 등도 생산한다. 로컬 브랜드들과 협력해 비누와 맥주까지 제품 영역을 확장하기도 했다. 이들은 사라져가는 허브나 야생 식재료를 보전하려는 계획도 세우고 있는 중이다.

Brand

Interview

Part 2

JEONG KWAN

정관
'천진암' 주지 스님

넷플릭스의 오리지널 다큐멘터리 시리즈 <셰프의 테이블>을 통해 세계의 이목을 집중시키며 정형화된 조리법을 거부하고 주어진 식재료에 충실한 요리 철학을 보여주는 스님이자 셰프.

음식의 의미. 음식은 어떤 기교나 기술이 아닙니다. 저에게 음식은 자연과 함께하는 것이자 자기 수행의 일환입니다. 이를 통해 자아를 발견하는 것이죠.

정형화된 레시피가 없는 요리. 몸을 편안하게 해서 아무 걱정 없이 수행에 전념할 수 있는 음식을 만드는 것이 중요해요. 음식의 조리법은 중요하지 않아요. 재료 역시 그때그때 다르고, 만드는 과정 역시 수많은 시행착오를 거쳐 스스로 방법을 터득해나가는 데에 의미가 있어요.

세계적으로 주목받는 것에 대한 불편함. 넷플릭스에서 <셰프의 테이블>이 방영되면서 많은 사람이 저를 알게 됐지만, 저 자신은 하나도 변한 게 없어요. 부처님의 깨달음을 알리고 대중과 함께 나아가야 하는 승려로서, 음식을 통해 제가 아는 만큼 또 수행한 만큼 사람들과 나눈다고 생각해요.

음식을 하지 않았다면. 그게 무엇이든 수행한 것을 대중과 함께 나누었을 거예요. 제 성향이 그런 것을 좋아하고요. 다만 제가 만든 음식의 맛에만 초점이 맞춰지기보다는 자연과 환경보호, 생명 존중 같은 중요한 정신에 대해서도 관심을 갖길 바랍니다.

제자로 받아들이는 기준. 저에게 전수라는 개념은 없어요. 제가 스쳐가듯 하는 한마디 한마디를 귀 기울여 들을 줄 아는 사람만 무언가를 배워 갈 수 있습니다. 배우고자 한다면 전신이 열려 있어야 해요. 에너지를 열어놓아야 더 많은 좋은 것을 흡수할 수 있습니다.

사찰 김치. 파, 마늘, 젓갈 같은 재료가 들어가지 않습니다. 적은 양념과 소금만으로 배추 자체가 지닌 순수한 맛을 이끌어내는 것이 특징이죠.

발우공양에서 김치의 의미. 사찰 김치에는 갓과 생강이 들어가는데, 이 두 가지 재료는 몸을 따뜻하게 해주는 성분이 있어요. 장과 김치는 스님들과 절을 찾는 많은 사람의 건강을 보살피는 음식이니만큼 장 담그는 날이나 김장하는 날에는 더욱 정성을 쏟게 됩니다.

김치를 즐기는 법. 김치는 1년 농사예요. 보통 저장한 지 3년 된 묵은지까지는 생김치로 먹습니다. 저는 몸이 안 좋거나 허하다고 느낄 때 된장이나 김치를 부러 찾아 먹곤 합니다.

정관 김치의 특별함. 자연에 가깝게 담그는 것이죠. 양념 하나에도 마음과 생각이 담깁니다.

LEAH CHASE

리아 체이스
전 '두키 체이스' 헤드 셰프

**미국 남부 최고의 프라이드치킨으로 인정받는 77년 역사의 두키 체이스를 이끈
뉴올리언스 푸드 신의 정신적 구심점이자 역사로 남은 셰프.**

두키 체이스. 뉴올리언스뿐 아니라 미국에서
두키 체이스 Dooky Chase를 모르는
사람은 아마 없을 거예요. 프라이드치킨을
파는 레스토랑이자 흑인 인권 운동이
한창이던 시절, 흑인과 백인 모두에게
'안전한 피난처(Safe Haven)'라 불리던
역사적 공간이죠.

유명 인사들의 단골 레스토랑. 흑인 인권 운동의
상징인 마틴 루서 킹 Martin Luther
King과 제임스 볼드윈 James Baldwin,
버락 오바마 Barack Obama를
비롯한 역대 미국 대통령들이 이곳을
찾아왔습니다.

두키 체이스의 특별한 점. 딱히 없어요. 지금은
저의 조카가 프라이드치킨을 만들고 있죠.
그녀가 하는 일 역시 예전의 저처럼 닭에
밑간을 하고, 밀가루로 만든 튀김옷을 입혀
튀겨내는 게 전부예요.

뉴올리언스와 치킨. 소울 푸드라고 할 만큼
좋아하는 음식이죠. 하지만 지금은
예전과 많이 다른 것 같아요. 전에는
오늘날처럼 프라이드치킨을 매일 먹지
않았어요. 음식은 맛도 의미도 특별해야
해요. 프라이드치킨은 일요일에만 먹는
음식이었는데, 요새 사람들은 시간과
장소를 가리지 않아요. 예전과 같은 느린
삶의 속도에서는 없던 일이죠.

소울 푸드. 사람들은 아프리칸 아메리칸의
음식을 일컬어 소울 푸드라고 합니다.
흑인과 백인이 뒤섞여 살아온 이곳
남부에서는 치킨으로 덤플링을 만들었지만,
아프리칸 아메리칸들은 덤플링을
먹지 않았어요. 아프리칸 아메리칸의
식문화에서 큰 비중을 차지하는
프라이드치킨에 남부 사람들은 버터밀크를
많이 사용했어요. 모든 식문화는 각자 어떤
재료를 가지고 있는지에서 비롯한다고
생각합니다.

음식의 힘. 매거진 <F>가 하는 일은 정말 멋진
일이라고 생각합니다. 같은 식재료를 각
지역의 문화에서 어떻게 달리 이용하는지
알아가는 것은 서로를 이해하는
시작점이니까요.

프라이드치킨의 의미. 어떤 피부색을 지니고
있든, 어떤 복장을 하고 있든 존경심을
가지고 그들을 대해야 합니다. 이곳은
피부색과 이념에 상관없이 맘 편히
음식을 먹을 수 있는 곳이에요. 제가 만든
프라이드치킨 한 접시는 누구나 먹을 수
있는 평등한 음식이죠.

SOPHIEN KAMOUN

소피엔 카문
'세인즈버리 연구소' 수석 과학자 &
'이스트 앵글리아 대학교' 교수

78

영국 왕립학회 회원이자 유전자 편집 시스템을 식물에 적용한 연구의
선구자이기도 한 과학자이자 교수.

유전자 편집(Genetic Editing, 이하 GE) 시대. 모든 유기체는 게놈 Genome, 즉 생물체가 생명현상을 유지하는 데 필요한 최소한의 유전자군을 함유하는 염색체를 지니고 있어요. 좀 더 쉽게 설명하면 '생명의 책'이라고 할 수 있죠. 지난 20년간 전 세계적으로 활발히 진행해온 게놈 시퀀싱 Genome Sequencing, 즉 DNA 염기 서열 정보의 해독은 이 책을 읽는 것에 불과했어요. 하지만 2013년에 크리스퍼-캐스9 CRISPR-Cas 9이 발표되면서 게놈 편집은 한 차원 더 발전했죠.

크리스퍼-캐스9. 유전자 편집의 도구예요. 이것을 이용해 기다란 실 모양의 유전자 구조에서 삭제하길 원하는 유전자의 양 끝을 자른 후 나머지 부분을 이어 붙이거나, 혹은 삭제된 절단 면에 새로운 유전자를 이어 붙여 유전자를 수정하는 방식입니다.

GE와 GMO. 두 가지 모두 유전자를 일정 부분 수정한다는 점은 같아요. 일반적으로 유전자 변형이라는 의미의 GMO(Genetically Modified Organism)는 외부의 이질적 유전자를 주입한 유기체를 뜻하는데, 예를 들어 토마토에 다른 종의 식물이나 동물, 미생물의 유전자 배열을 넣어 새로운 형질을 띠게 만드는 것입니다. 이에 반해 GE는 기존에 존재하던 것을 정밀하게 수정하는 거예요. 내용을 바꾸거나 삭제하는 것도 이 범주에 포함되고요.

GE가 필요한 이유. 제 연구 분야 중 많은 부분이 질병학에 관련한 것인데요, 토마토를 비롯한 작물에 영향을 미치는 미생물은 그대로 멈춰 있는 것이 아니라 계속해서 변화하고 진화해요. 식물의 품종개량은 시시각각 변화하는 환경과 기후, 질병, 병원균들에 대응할 수 있도록 만드는 과정인 셈이죠.

GE 식품에 대한 거부감. 저는 개인적으로 GE 식품이 위험하지 않으며 먹어도 괜찮다고 생각해요. 그것이 위험하다고 할 만한 논리적 이유를 발견하지 못했기 때문입니다.

GE 역시 GMO와 다르지 않다는 환경 단체의 주장. 그보다 더욱 중요하고 심각한 문제들이 농업과 식문화 전반에 내재돼 있어요. 제가 과학자로서 가장 중요하게 여기는 덕목은 지적인 정직함과 비판적 사고입니다. GMO나 GE 식품의 위험성에 대한 과학적 근거는 아직까지 공인된 것이 없어요. 반면 가공식품과 설탕 등에 관한 문제점은 수없이 많죠. 이런 사실을 외면한채 GE나 GMO가 무조건 위험하다는 주장은 근거가 부족합니다.

TAMARA KOTEVSKA & LJUBOMIR STEFANOV

타마라 코테프스카,
류보미르 스테파노프
다큐멘터리 영화 <허니랜드> 감독

2019년 선댄스영화제에서 심사위원 대상을 비롯해 3개 부문을 수상한, 꿀을 둘러싼 두 가족의 갈등을 통해 지속 가능한 생산 방식에 대한 메시지를 전달하는 <허니랜드 Honeyland>의 공동 감독.

<허니랜드>. 마케도니아의 한 오지 마을에서 홀로 벌을 키우는, 유럽에 남은 마지막 여성 비 헌터 아티제 Hatidze와 이 마을에서 소를 키우는 유목민 후세인 Hussein 가족의 꿀을 둘러싼 갈등을 그린 다큐멘터리 영화입니다.

아티제의 이야기를 다큐멘터리로 제작한 이유. 아티제 집안에서 양봉은 대대로 전해 내려오는 전통이었어요. 그녀의 오빠들은 로프에 의지해 절벽에서 석청을 채취하는 과감한 방식을 따랐죠. 물론 시각적으로는 그 모습이 더 매력적이었지만, 문명과 떨어진 마을에서 노모를 부양하면서 벌을 키우며 사는 아티제의 삶이 더욱 흥미롭게 다가왔습니다.

아티제와 후세인 가족 간 갈등의 시작. 후세인 가족의 양봉 방식은 근본적으로 아티제와 달라요. 아티제처럼 야생의 벌을 수집해 꿀을 얻는 것이 아니라 꿀벌을 분양하는 브리더에게 구입하죠. 후세인에게 꿀을 구입하는 바이어는 가능한 한 모든 것을 취하는 것이 목표이기에 후세인에게 더 많은 꿀을 생산하라고 부추기고 압박합니다.

아티제와 후세인 가족의 대립을 통한 메시지. 후세인 가족은 사회 밖에서 살아가는 아웃사이더예요. 그들 구성원 중 하나가 죽어도 사회는 관심을 기울이지 않습니다. 그들 역시 방랑자로서 자신이 머물렀던 장소에 대한 책임이나 의무를 느끼지 않고요. 저희는 이 가족의 모습을 통해 전체적인 컨슈머리즘 consumerism에 부여된 책임감을 다시 한번 일깨워주고 싶었습니다. 후세인 가족과 아티제의 반목을 통해 우리가 실천해야 할 '지속 가능한 생산 방식'의 필요성을 이야기하고자 했어요. 인간은 사용자이고 자연은 조달자입니다. <허니랜드>에선 꿀벌이 조달자이고요. 이런 공유의 모델은 양봉에 국한하지 않고 우리가 자연에서 얻는 모든 것의 원칙이 되어야 합니다.

"반은 내 몫, 반은 너희 몫(Half for Me, Half for You)" 아티제의 이 말은 그녀가 가진 소박하고 단순한 삶의 철학을 넘어 오늘날 우리가 직면한 문제, 천연자원의 남용과 착취를 돌아보게 하는 환경적인 포인트이기도 해요. 꿀을 전부 빼앗으면 벌은 겨울을 버티지 못하고 죽고 말아요. 자신에게 꿀을 선물한 벌들을 위해 그 절반을 돌려주는 것이죠. 벌들은 그 꿀을 먹으며 겨울을 나고 해가 바뀌어도 그 자리에 그대로 머물러 있는 거고요. 아티제의 대사는 그녀의 특별한 양봉 방식을 투영할 뿐 아니라 <허니랜드>의 가장 중요한 메시지입니다.

BONGJIN KIM

김봉진
매거진 <F> 발행인

80

좋은 브랜드를 향한 일관성 있는 태도와 혁신적 시도, 특유의 감성으로
배달 문화의 새로운 패러다임을 구축하는 데 성공하며 스타트업의 표본을 만든 기업가.

푸드 딜리버리 플랫폼을 사업 아이템으로 선정한 이유.
전단지를 한곳에 모아놓으면
편하겠다는 생각에서 출발했어요. 어떤
면에서 전단지는 굉장히 일방적인
커뮤니케이션이에요. 소비자 입장에서
이런 전단지는 공해일 뿐이죠. 쌍방향
커뮤니케이션 관점에서는 전단지를
디자인하는 사람과 소비하는 사람이 중간
지점에서 만나야 합니다. 온라인에서는
그게 가능하죠. 전단지를 매개로 한 배달의
비효율을 온라인을 통해 개선할 수 있을
거라 판단했습니다.

배민의 팬덤. 지금까지의 브랜드가 대체로
인간의 한쪽 면, '남들보다 잘살고
있어'라는 일종의 위안이나 과시
심리만을 보여줬다면 배민은 다른 측면을
이야기하죠. 유머 코드, 즐거움, 위트,
친근함 등요. 삶의 양념 같은 브랜드가
되었기에 대중의 사랑을 받고 있다고
생각해요.

새로운 시도를 이어나갈 수 있는 원동력. 하나의
인격체로서 친해지고 싶은 브랜드를
완성하고자 하는 열망입니다. 저의 명함
속 '경영하는 디자이너'라는 슬로건이
말해주듯, 저는 좋은 브랜드를 만들고
싶어요. 제가 꿈꾸는 브랜드를 창출하려면
사업이 잘돼야 합니다. 사업이 잘돼서 좋은
브랜드를 만드는 것이 아니라 그 반대인

셈이죠. 브랜드는 만드는 것보다 실행하는
것이 중요해요.

자율주행 음식 배달 로봇 '딜리 Dilly'. 로봇 개발은
몇 년 전부터 생각해온 프로젝트입니다.
배달 음식 수요는 급격하게 늘어나는데,
배달 인력은 턱없이 부족한 현실이잖아요.
음식값보다 갈수록 비싸지는 배달료도
문제고요. 로봇 개발은 이 같은 문제를
해결할 수 있는 훌륭한 대안이죠.

배달 플랫폼의 미래 버전. 딜리는 단순히 음식
배달만을 위한 로봇이 아닙니다. 한국
사람들은 40~50% 이상이 아파트나
오피스텔 같은 공간에 살고 있어요. 이런
주거 형태에서는 편의점 제품이나 약, 우유
같은 것을 배달받거나 세탁물, 재활용
쓰레기 등 밖으로 내보내야 하는 물건도
로봇에게 맡길 수 있어요. 딜리는 다양한
형태로 발전할 수 있다고 봅니다.

로봇 중심의 배달 플랫폼이 가져온 변화. 무인
배달 로봇이 활성화되면 세상은 완전히
바뀔 거예요. 로봇의 등장으로 배달료는
인하되고 배달 주문이 자연스레
늘어나면서 자영업자가 식당을 운영할
상점을 고르는 기준도 분명 변할 겁니다.
그럼 부동산 가격도 달라지겠죠. 단순히
배달 영역뿐 아니라 사회 전반에 큰 영향을
미칠 수 있습니다.

ERWIN GEGENBAUER

에르빈 게겐바우어
'빈 비니거 브루어리' 대표

**'식초의 왕'으로 불리며 오스트리아의 크래프트 비니거 전문 브랜드를 이끄는
천재적 식초 메이커.**

식초를 사업 아이템으로 정한 이유. 29세 때 가업을 정리하며 어린 시절 취미였던 식초 만들기를 일로 만들었습니다. 비어니즈 비니거 브루어리 Viennese Vinegar Brewery를 설립하고 식초에 집중하면서 식초에 대해 생각할 시간을 충분히 갖게 됐고, 이는 새로운 사업에 대한 재미와 확신으로 이어졌죠.

직접 소통의 중요성. 규모가 작은 만큼 손님과 바로 소통할 수 있었어요. 개인적으로 생산자와 소비자의 직접 연결이 유통의 미래라고 생각합니다. 그들은 서로 친구가 되어야 해요.

게겐바우어 스타일. 저희 식초는 아주 단순해요. 라즈베리 식초에는 라즈베리만 들어갑니다. 저희는 순수한 제품을 만드는 데에만 전념하고 있어요. 뭔가를 섞는 방식은 상대적으로 쉬워요. 하지만 딱 하나의 재료로 좋은 식초를 만드는 건 아주 어려운 일이죠.

소규모 브랜드의 장점. 규모가 작으니까 좋은 원재료를 찾아낼 수 있어요. 한정된 수량의 질 좋은 원재료를 써야 좋은 제품을 만들 수 있습니다. 대량생산은 원가 상승 부담 탓에 좋은 재료를 구입하기 어렵죠.

식재료 관련 독립 브랜드의 증가 추세. 현 시대는 표준화된 고품질의 생산품을 좋아하는 주류 사회와 다양성을 좋아하는 비주류 사회로 양분되어 있어요. 이 둘은 앞으로 더 확실하게 나뉠 거라고 생각합니다. 식초를 넘어 음식, 정치, 사회의 흐름이 그래요. 카를 마르크스 Karl Marx는 자본주의가 오래 기능하지 못할 것이라고 예측했지만, 그가 제안한 시스템은 더 빨리 사라졌습니다. 이제는 자본주의도 저물어가고 물질주의가 대두하는 것 같아요.

재료의 선순환. 개인적으로 순환 경제나 순환 과학에 관심이 많아요. 라즈베리로 식초를 만들면 과일 찌꺼기가 생기는데, 여기서 씨를 따로 분리해 라즈베리씨 기름을 만들어요. 그리고 남은 찌꺼기는 저희가 사육하는 닭에게 먹입니다. 그 닭에게서 얻은 달걀은 게스트하우스 손님의 아침 식사 재료가 되고요. 경제적일 뿐 아니라 친환경적이죠. 이것이 저희가 일하는 방식입니다.

영향력을 지닌 사람. 저는 독일에서 '식초의 왕'이라고 불리기도 해요.(웃음) 누군가 저의 영향을 받아 품질 좋은 제품을 만든다면 고마울 뿐이에요. 그걸 쓰면 내 삶의 질도 높아질 테니까. 그렇게 모두가 더 좋은 물건을 만든다면 무척 기쁜 일이겠죠.

Photography

	Intro	Kim Jakobsen To
82	Hoxton Street Monster Supplies	Jack Lee
83	Little Duck – The Picklery	Kim Jakobsen To
84	Moxon's	Lesley Lau
85	Solco	Sangmi Ahn
86	Salt House	Sunghoon Park
87	Neal's Yard Dairy	Jack Lee
88	Taka & Vermo Artisans Fromagers	Sunghoon Park
89	Miel Factory	Christophe Coënon
90	Cacao Prieto	Gyusik Shin
91	Piaf	Sunghoon Park
92	Union Square Greenmarket	Bojune Kwon
93	Ferment 9	Margaret Stepien

소비자와 식재료를 연결하는 마지막 종착지. 식재료에 대한 존중과 생산자 수준의 지식을 갖춘 개성 넘치는 식료품점이 점점 늘어나는 추세다. 소금, 쌀, 꿀 등 하나의 식재료만 전문적으로 취급하는 전문점과 더불어 생산자와 직거래가 가능한 유기농 마켓은 건강한 먹거리를 향한 소비자들의 니즈를 반영하는 창구다. 언택트 시대, 온라인을 기반으로 한 다양한 푸드 플랫폼의 등장은 기존 산업에 새로운 서비스, 기술, 가치 등이 융합되면서 식품 시장에 가능성과 활력을 부여한다.

Retail

82

혹스턴 스트리트 몬스터 서플라이스
159 Hoxton St., Hoxton, London

UK

HOXTON STREET
MONSTER SUPPLIES

상상력을 자극하는 독특한 콘셉트의 아이템 숍

이스트 런던 중심부에서 조금 벗어난 골목에 위치한 혹스턴 스트리트 몬스터 서플라이스
는 '괴물들을 위한 조달업자'라는 흥미로운 콘셉트를 지닌 숍이다. 어린이와 청소년의 창
작 글쓰기를 지원하는 비영리단체 미니스트리 오브 스토리스 Ministry of Stories가 운
영하는 곳으로, 1818년에 설립되어 한동안 영업이 중단됐다가 2010년 재개되었다. 장기
마멀레이드, 한밤의 테러라 이름 붙인 캐러멜, 박하사탕 등 독창적인 제품 중 가장 눈에 띄
는 것은 분노, 웃음, 질투라 이름 붙인 '눈물 소금'이다. 영국 유기농 소금 브랜드 할렌 몽
Halen Môn과 협업해 탄생한 제품으로, 각 감정에 어울릴 만한 향신료가 첨가되어 있다.
자원 봉사자들의 참여로 운영하는 이곳은 목요일에서 토요일까지만 한시적으로 영업한다.

Retail

13- 13- 16~

THE PICKLERY
DRINKING
VINEGAR
PURPLE CARROT
GINGER
APPLE CIDER
VINEGAR
SUGAR

THE PICKLERY
DRINKING
VINEGAR
CARROT
SICHUAN
PEPPERCORN
APPLE CIDER
VINEGAR
SUGAR

THE PICKLERY
DRINKING
VINEGAR
RHUBARB
APPLE CIDER
VINEGAR
SUGAR

THE PICKLERY
DRINKING
VINEGAR
RHUBARB
APPLE CIDER
VINEGAR
SUGAR

6 50

3 50

THE PICKLERY
KOMBUCHA
RHUBARB
OOLONG TEA
SUGAR
CULTURES

THE PICKLERY
KOMBUCHA
RHUBARB
OOLONG TEA
SUGAR
CULTURES

THE PICKLERY
KOMBUCHA
INDIAN SPICES
ASSAM TEA
SUGAR
CULTURES

THE PICKLERY
KOMBUCHA
INDIAN SPICES
ASSAM TEA
SUGAR
CULTURES

3 50

6 50

THE PICKLERY
KOMBUCHA

THE PICKLERY
KOMBUCHA

THE PICKLERY
KOMBUCHA

THE PICKLERY
KOMBUCHA
INDIAN SPICES
ASSAM TEA
SUGAR

THE PICKLERY
KOMBUCHA
INDIAN SPICES
ASSAM TEA
SUGAR

LITTLE DUCK – THE PICKLERY

식초와 발효 식품을 직접 만들어 판매하는 런던의 와인바

런던 소호 지역의 리틀 덕 - 더 피클러리는 모던 유러피언 레스토랑 덕수프 Ducksoup의 창립자 로리 매코이 Rory McCoy가 운영하는 곳이다. 두 곳 모두 레스토랑이지만, 리틀 덕은 발효 식품을 판매하는 숍을 겸하고 있다는 점에서 다르다. 식초는 물론 홍차와 녹차를 발효시킨 콤부차 Kombucha, 양배추를 발효시킨 사워크라우트 Sauerkraut 등의 음식과 간단한 식사 메뉴, 와인을 판매하는 이곳은 발효 식품을 만드는 작업장 역할을 하기도 한다. 지중해 제철 식재료를 사용한 리틀 덕의 메뉴는 매주 바뀌는데, 대표 발효식품인 식초는 직접 만드는 것 중에서 특히 심혈을 기울이는 품목 가운데 하나다. 이곳에서는 화학 제품을 일절 사용하지 않으며 구스베리, 모스카토, 포도, 루바브, 당근, 사과 등 계절에 맞는 식초를 담근다. 식초를 활용한 음식이나 음료 외에도 간장이 들어간 김치, 콤부차, 음용 식초 외 탄산을 넣은 레디-투-드링크 등을 선보이며 발효 음식의 새로운 지평을 열고 있다.

Retail

MOXON'S

친근한 분위기에서 신선한 해산물을 판매하는 런던의 대표 피시몽거

목슨스는 스코틀랜드 Scotland와 영국 남서부 해안에서 올라오는 신선한 조개·생선 등의 해산물을 판매하는, 런던을 대표하는 피시몽거 Fish Monger다. '내가 구입하지 않을 품질의 해산물은 팔지 않는다'라는 오너 로빈 목슨 Robin Moxon의 신념 아래 질 좋은 해산물만 엄선해 판매하며, 런던에만 매장 네 곳을 운영 중이다. 각 매장은 독립적으로 운영하는데, 구역별로 찾아오는 손님들의 취향에 맞게 지점마다 판매하는 해산물 종류가 다르다. 이는 해산물의 신선도를 보장할 뿐 아니라 직원들이 자발적으로 먼저 손님에게 다가갈 수 있는 환경을 조성한다. 누구든 자신이 만들고자 하는 요리에 맞는 해산물을 추천받을 수 있고, 이에 필요한 각종 채소, 향신료, 소스, 파스타 등의 부차적 재료 또한 매장 한편에서 구매할 수 있다.

Retail

85

솔코
1 Chome-3-13 1F, Yutakacho, Shinagawa City, Tokyo

Japan

SOLCO

전 세계의 다채로운 소금을 접할 수 있는 도쿄의 소금 전문점

시나가와구 상점가 도고시 긴자 거리에 위치한 솔코는 33m^2 규모의 작은 매장으로, 흑백
의 모던한 인테리어 속 가지런히 놓인 소금들이 인상적인 장소다. 식문화에 관심이 많았
던 창업자 다나카 소노코 Sonoko Tanaka는 미야기현의 한 스시 레스토랑에서 소금이
음식에 미치는 영향력을 깨달은 후 소금에 대해 본격적으로 공부하기 시작했다. 열심히
공부한 끝에 수석 소금 코디네이터 자격증을 딴 그는 다양한 원산지의 전 세계 소금을 소
개하는 솔코를 오픈했다. 이곳에선 소금의 산지, 제조 방법, 원천에 따라 7개 카테고리로
나뉜 제품의 시식이 가능해 누구나 맛을 비교해볼 수 있다. 염전과 독점 계약을 한 제품도
출시하는 등 단순한 판매를 넘어 다채로운 종류의 소금이 지닌 맛의 차이와 특징을 소비
자에게 전하기 위한 행보를 이어가고 있다.

Retail

86

소금집
서울시 마포구 월드컵로 19길 14 2층

Republic of Korea

SALT HOUSE

미국 샤르퀴트리의 깊이를 전하는 서울의 수제 가공육 전문점

2016년 첼리스트이자 요리사인 조지 더럼 George Durham과 디자이너 겸 싱어송라이터인 장대원이 공동 창업한 수제 육가공 공방이다. 조지 더럼이 고향 샌프란시스코에서 즐겨 먹었던 수제 햄과 소시지를 집에서 직접 만들어 먹던 것을 계기로 지금의 소금집을 오픈했다. 매장의 3분의 2를 차지하는 주방과 숙성실에 걸려 있는 가공육들은 이곳의 정체성을 여실히 보여준다. 소금집은 돼지고기 염장 식품을 주로 취급하는 곳답게 품질과 위생 관리에 철저한 것은 물론 한국 신안 천일염을 기본으로 모든 제품을 만들고 있다. 향신료 역시 풍부한 향을 입히기 위해 파우더 대신 원물을 직접 갈아 쓴다. 하몬, 프로슈토 Prosciutto, 살라미 Salami 등의 샤르퀴트리뿐 아니라 수제 소시지, 치즈, 캐러멜 같은 제품 모두 두 곳의 매장과 공식 웹사이트에서 구매할 수 있다. 서울 안국동에 위치한 소금집 델리에서는 공방에서 직접 만든 가공육을 테마로 한 다양한 요리도 즐길 수 있다.

Retail

87

닐스 야드 데어리
17 Shorts Gardens, West End, London

UK

NEAL'S YARD DAIRY

영국 치즈 신의 격을 높인 치즈 전문점

영국 치즈 산업의 부흥을 일으킨 런던 코번트 가든 Covent Garden의 닐스 야드 데어리
는 1979년 닉 손더스 Nick Saunders와 랜돌프 호지슨 Randolph Hodgson이 치즈를
제조하면서 시작된다. 런던 닐스 야드에 활기를 불어넣은 이 상점은 초기에 프랑스 등지
에서 치즈를 수입하기도 했지만, 영국 치즈의 품질이 향상된 이후 두세 종류를 제외하곤
모두 영국에서 생산된 제품만 취급하고 있다. 오직 품질에 초점을 두고 지금껏 달려온 닐
스 야드 데어리의 행보는 삽시간에 대중에게 주목받기 시작했고, 이는 영국 치즈의 수준
을 끌어올리는 데도 큰 역할을 한다. 영국 치즈 또한 프랑스나 이탈리아 제품에 뒤지지 않
을 수 있다는 사실을 증명한 것이다. 닐스 야드 데어리는 영국 전역에 있는 40명의 치즈
생산자와 계약을 했으며, 납품받은 치즈는 진열대에 오르기 전 가장 적합한 온습도 환경
을 갖춘 7개의 숙성실에서 숙성 과정을 거친다.

Retail

88

다카 앤 베르모 아르티장 프로마제
61bis, Rue du Faubourg Saint-Denis, Paris

France

TAKA & VERMO
ARTISANS FROMAGERS

소규모 농장 치즈에 대한 존경과 애정을 담은 파리의 치즈 상점

와인 업계에 종사하던 로르 다카하시 Laure Takahashi와 마티외 베르모렐 Mathieu Vermorel은 점차 사라져가는 농장 치즈를 지지하며 보호하고 싶다는 신념 아래 2015년 치즈 전문점을 열었다. 이곳을 열기 전 4년 동안 파리에서 기술과 실무를 익히고 프랑스 전역을 누비며 치즈 농가를 찾아나선 결과 자신들의 신념에 부합하는 납품업자를 찾을 수 있었고, 현재 대부분의 치즈를 그들과 직거래하고 있다. 농장 치즈의 역사·문화적 가치와 장인 정신에 대한 존중을 담고 있는 파리의 이 작은 치즈 상점은 아시아 식재료를 결합한 자체 개발 제품도 선보이고 있다. 유자 마멀레이드와 부추를 올린 신선한 염소젖 치즈나 산초를 넣은 생넥테르 Saint Nectaire가 대표적이다. 150여 종이 넘는 엄선된 치즈뿐 아니라 버터, 요구르트 등의 유제품도 구매할 수 있으며, 이곳의 제품과 곁들일 수 있는 술도 마련되어 있다.

Retail

MIEL FACTORY

환경 의식을 갖춘 파리의 희귀 꿀 전문점

파리 마레 지구의 보주 광장(Place des Voges) 근처에는 흡사 와인 창고처럼 보이는 작은 부티크 숍, 미엘 팩토리가 자리한다. 2016년에 문을 연 이곳은 꿀이 담긴 유리 단지 하나하나를 제대로 음미하며 구경할 수 있는 테이스팅 룸 형식의 단일 밀원 꿀 전문점이다. 예멘의 대추꿀, 멕시코의 아보카도나무꿀 등 진귀한 외국산 제품뿐 아니라 프랑스 남서부 지역에서 생산되는 야생당근꿀같은 희귀한 종류의 꿀을 취급하는 동시에 친환경 천연 꿀도 갖추고 있다. 생태계 환경을 존중하는 양봉인들로부터 공수하고 프랑스 최고의 양봉연구센터에서 품질과 안정성을 인정받은 미엘 팩토리의 천연 꿀은 건강한 먹거리에 예민한 파리 소비자의 이목을 끄는 데 성공한 것은 물론, 미식 애호가 사이에서도 호평받았다. 아피퀼퇴르 Happyculteur라는 도시 양봉 협회와 함께 벌꿀 채집 워크숍을 운영하거나 소규모 업체들의 꿀을 소개하는 등 양봉의 중요성을 직접 보여주고 있는 곳이기도 하다.

Retail

CACAO PRIETO

고품질 카카오에서 최상의 맛을 이끌어내는 빈 투 바 초콜릿 숍

도미니카공화국 산토도밍고 근교에 자리한 마을 알타그라시아는 이곳의 포장도 안 된 마을 골목길처럼 카카오 농사도 전통적인 방식을 따른다. 이름도, 주소도 없는 마을 산 중턱의 한 농장은 농부 안토니오 누네스 Antonio Nunez가 평생 가꿔온 곳이다. 노새 한 마리 없이 카카오 운반도 온전히 인간의 힘으로 해내는 이곳에서 일어나는 유일한 인위적 요소는 강한 종자를 지닌 나무의 가지를 조금 잘라서 다른 나무에 접붙이는 일뿐이다. 이는 양질의 카카오 종자를 지키고 재배하기 위해서다. 안토니오 누네스가 키우는 카카오나무 종자는 뉴욕 브루클린의 빈 투 바 Bean to Bar 초콜릿 숍인 카카오 프리에토의 뿌리다. 도미니카공화국 출신의 쇼콜라티에 로저 로드리게스 Roger Rodriguez는 고향에서 직접 공수한 양질의 카카오를 고온에서 짧은 시간 볶아 겉은 바짝 익히지만 안은 덜 익혀 신선한 맛을 유지한다. 카카오와 코코아 버터, 설탕, 바닐라 이 네 가지 재료만 사용해 고품질 초콜릿을 선보이는 곳으로, 초콜릿 공장을 겸하는 숍에서는 초콜릿 제조 과정 견학도 가능하다.

Retail

PIAF

프랑스 초콜릿의 섬세함과 정교함을 완벽히 구현한 한국의 초콜릿 숍

프랑스 국민 가수 에디트 피아프 Edith Piaf의 이름을 딴 삐아프는 쇼콜라티에 고은수가 일본에서 장폴 에뱅 Jean-Paul Hévin의 초콜릿을 맛본 순간 시작됐다. 그가 프랑스 요리 전문학교에서 연마한 기술로 완성한 삐아프의 주메뉴는 '봉봉'이라 불리는 한 입 크기의 초콜릿으로, 가나슈 Ganache부터 견과류를 끓인 설탕으로 만든 프랄린 Praline까지 종류가 매우 다양하다. 삐아프는 프랑스 발로나사의 커버처 Couverture 제품을 사용하는데, 선보이는 종류 수보다 더 많은 커버처를 사용해 풍부한 맛을 낸다. 수제로 만든 초코 우유와 마카롱을 판매하면서 큰 인기를 얻은 후 2019년 마카롱 전문 판매점 마카롱 쿠튀르도 열었다. 기념일에 걸맞은 이벤트 초콜릿을 선보일 뿐 아니라 몽블랑 Mont Blanc, 펜디 Fendi 등의 유명 브랜드와 협업하는 등의 행보로 주목받고 있다.

Retail

UNION SQUARE
GREENMARKET

뉴욕 인근에서 재배한 농산물을 판매하는 도심 속 파머스 마켓

전 세계 어느 도시보다 바쁘게 움직이지만 그 누구보다 건강에 민감한 뉴요커들은 식재료 하나를 고르는 데도 여간 깐깐한 게 아니다. 이런 뉴요커들이 즐겨 찾는 곳은 다름 아닌 농부들이 직접 재배한 농산물을 가져와 판매하는, 도심 속 파머스 마켓이다. 맨해튼 한복판에 위치한 유니언 스퀘어 광장에는 매주 월·수·금·토요일 아침 8시면 장이 들어선다. 이곳에서 판매하는 농산물은 멀리서 수입하거나 오랜 시간 운반된 것이 아닌, 뉴욕 인근에서 재배한 로컬 푸드다. 레스토랑의 유명 셰프들은 물론, 하루 6만 명이 넘는 사람이 유니언 스퀘어 그린마켓을 찾아 쇼핑을 하고 지역 농부와 소통한다. 이곳에서는 신선한 채소와 과일, 허브를 비롯해 아르티장 치즈와 구운 빵, 각종 오일 및 애플 사이다, 메이플 시럽 등도 판매한다. 계절마다 선보이는 품목이 조금씩 다른데, 6~8월 즈음에는 그 어느 때보다 다양한 종류의 신선한 토마토를 만날 수 있다. 농부들이 직접 농산물을 실어 와 판매하는 방식이다 보니 매번 참여하는 업체도 바뀐다. 참여 업체 리스트는 그날그날 홈페이지에서 실시간으로 확인할 수 있다.

Retail

FERMENT 9

한국 김치의 맛을 그대로 재현한 스페인의 발효 음식 전문점

스페인의 발효 음식 전문 숍 퍼먼트 나인은 우연히 김치를 접한 이후로 발효의 세계에 매료된 매튜 칼데리시 Matthew Calderisi가 오픈한 곳이다. 30년간 직접 김치를 담고 연구한 창립자의 숙련된 실력을 발판으로 한국 전통 레시피를 그대로 재현한 김치를 판매한다. 이곳의 김치는 자연 발효 대신 균주 주입을 통해 완성되는데, 이는 일정한 맛의 결과물을 얻기 위한 방법이다. 120여 종에 이르는 다양한 제품 중 이곳에서 꼭 맛봐야 하는 것은 김치액을 여과해 만든 김치 에센스로, 샐러드·칵테일 등 요리에 첨가했을 때 풍미가 깊어진다. 탄소발자국을 줄이기 위해 스페인 산지의 재료만 사용하지만 한국의 맛을 내기 위해 고춧가루와 액젓은 한국에서 직수입한다. 소비자가 직접 참여할 수 있는 발효 워크숍 또한 운영하며, 발효 지식과 문화를 전파하는 역할까지 도맡고 있다.

Retail

Photography

	Intro	Andrea Scalingello
94	Mad	Andrea Scalingello
95	Souk El Tayeb	Tanya Traboulsi
96	Whyfarm	Sean Morrison
97	Onjium	Sunghoon Park
98	Institute of Korean Royal Cuisine	Sunghoon Park
99	La Ruche Qui Dit Oui!	Junghyun Lim
100	Chefsteps	Chefsteps
101	London Honey Company	Songyi Yoon

야생 식재료 플랫폼부터 창의적이고 과학적인 셰프 집단까지, 식문화에 새로운 물결을 일으킨
집단들의 공통점은 지식의 공유다. 실험과 연구를 기반으로 요리의 새로운 기술을 제시하고,
작물에 대한 데이터베이스를 바탕으로 자연과 인간을 연결하며 전통 식재료와 요리법을 복원하는
일까지. 음식을 매개로 한 단체들의 행보는 미식의 진보를 위한 공익적 성격을 띠고 있다.

Organization

MAD 4
WHAT IS COOKING?
with a twist MONDAY

ISABEL SOARES

Bread is Gold

Creating the Food
Systems of Tomorrow

RON FINLEY

Out of the Kitchen

JAYME SANTOS JUNIOR & DAVID HERTZ

CHRIS COSENTINO

JEREMI...

Observations from the
Frontier of Deliciousness

RODRIGO OLIVEIRA

ADRIANA SILVA & ANDRÉ MIFANO

Watching and Doing

KATIA BARBOSA & RENATO MATAÓLLES

The Lake Radio

ISADORA & RACHEL ALLEN

On Poison

ALBERT ADRIÀ

CRISTINA MULLER

ROY CHOI

MADS DAY TWO

TOMORROW'S

The magic of not knowing exactly
what you're doing

MAD was held in a sea of mud. Before dawn on
the first day, we scrambled to Holckenhavn to
make over the big tent didn't collapse under the
torrents of rain lashing Copenhagen. The city
flooded a few days later.

I was a volunteer, for they hired Mc24. No one in the
vast audience of organizers either knew how the
symposium would go. Would the speakers make
sense? Enjoy the show—"Playing Thoughts"—
even tasted? Would we feel at the end like we'd
wasted our time, coming here?

In the end, that uncertainty made the MAD mag-
great. Because we didn't know what to expect, we
didn't take anything for granted. We met and talked
with new friends, and heard new culinary tales from
around the world. More of us felt that weekend
inspired, challenged, ready to get back to work.

Last year, the crew took a break to rethink MAD 4.
Indeed there this year to help design a different kind
of convention, that would be more unpredictable
still, one that we hope will recapture the neccesar
energy of not quite knowing how things will go.

So the description of MAD 4 is broad open. More than
ever, small moments will take place around a much
smaller number of speakers at the Main Tent. The
sessions have all likely arbitrary, leaderless materi-
ties. Spectators may not be familiar with many of
them, but each has something urgent and practical
to say about innovation's kitchen. We wanted to make
MAD 4 spacy for people who care about the present
and future of food to meet and learn from each other
regardless of passage or pretention.

We've never tried to represent like this before. Perhaps
and somewhat similar to a disaster. MAD 4 is some-
mostly risky, we hope it will be magical too.

Eric Archambeau
...

Angela Dic...

Kai Kinman

WHAT IS COOKING?

Fourth annual MAD Symposium
Co-curated by Alex Atala
www.madfeed.co

Symposium

Planting Thoughts

Sunday August 28

STEFANO MANCUSO

ALEX ATALA

FRANÇOIS COUPLAN

MASSIMO BOTTURA

SØREN WIUFF

HOLLY JADE

MICHEL BRAS

HAROLD McGEE

DAVID CHANG

ANDONI ADURIZ

GASTÓN ACURIO

VILD MAD *Festival*

FIELD GUIDE

NORDEA FONDEN

MAD

MAD MONDA
DISPATCHE

Conversations about the ways food links us together to
celebrate MAD Dispatches Vol. 1 "You and I Eat the Sam

MODERATED BY

MAD

식재료의 올바른 야생 채집을 통해 자연과의 공존을 추구하는 그룹

덴마크어로 야생을 뜻하는 빌드 Vild와 음식을 뜻하는 매드 Mad가 결합한 빌드 매드는 다양한 식물에 대한 데이터베이스를 바탕으로 '야생 푸드'를 찾는 애플리케이션이다. 일반 대중에게 야생 채집에 대한 접근성을 높이고 관련 지식을 가능한 한 많이 전파하는 것이 목적으로, 사람들이 자연 속에 있는 동안 빌드 매드를 이용해 야생 채집 식재료를 찾아 채집을 하며 전달하는 데이터들이 모여 자연을 위한 거대한 데이터 뱅크가 된다. 셰프나 요식업계 관계자들을 위한 비영리단체 매드가 운영하는 프로그램 중 하나인 빌드 매드는 야생 채집이야말로 자연을 다른 방식으로 바라볼 수 있을 뿐 아니라 의미 있게 즐기는 방법이라고 여긴다. 야생 채집을 한다는 것 자체가 자연과 인간을 연결하는 일종의 상호작용이라는 것이다. 빌드 매드는 이 상호작용이 잘 유지될 수 있도록 식물을 올바르게 채집하는 방법 등의 정보도 함께 제공한다. 야생 채집에서 중요한 덕목 중 하나가 윤리이기 때문이다. 식물을 존중하고, 환경 파괴를 최소화하며, 다음 사람을 위해 열매를 남겨놓는 것. 이것이 빌드 매드가 사람들에게 전달하고자 하는 메시지이다.

Organization

수크 엘 타예브
Trablos Street Beirut Souks, 20127305 Beirut

Lebanon

SOUK EL TAYEB

레바논 국민들의 화해와 화합을 목표로 하는 소규모 생산자들의 농부 시장

단순한 레스토랑의 의미를 넘어선 수크 엘 타예브는 셰프이자 사회적 기업가 그리고 '푸드 액티비스트'로도 불리는 카말 무자와크 Kamal Mouzawak가 창립한 농부 시장이다. 음식을 통한 국민 화합과 문화 생산, 총체적 인간 개발(Human Development)을 꿈꾸던 그는 민족적·종교적·정치적 성향을 초월하는 음식의 포용적 힘에 주목한다. 그가 깊이 분열된 레바논 국민들의 화해를 모색하는 일에 레바논 음식만큼 강력한 매개체는 없다는 믿음을 바탕으로 시작한 것이 바로 수크 엘 타예브다. 유기농 농산물뿐 아니라 레바논 장인들의 식품을 두루 만날 수 있는 수크 엘 타예브의 유일한 참가 조건은 '소규모 생산자'여야 한다는 것이다. 이곳에선 자신의 손으로 기른 농산물이나 직접 만든 음식을 판매하는 것을 원칙으로 한다. 유기농 제품만 취급하는 시장이라는 오해도 있지만, 유기농 인증이 없더라도 품질 좋은 농산물을 생산하는 농가라면 모두 환영한다. 유기농 농산물만 고집하려면 레바논 소농가의 상당수를 배제해야 하는데, 수크 엘 타예브를 특정 사회계층을 위한 '유기농 게토 ghetto'로 만들고 싶진 않다는 게 카말 무자와크의 생각이다. 카말 무자와크는 수크 엘 타예브에 이어 농부 식당 타울레트 Tawlet를 열었다.

Organization

WHYFARM

농업의 중요성과 무한한 가능성을 전파하는 비영리단체

와이팜은 2015년 트리니다드토바고에서 출범한 비영리단체로, 농업에 대한 인식 전환을 목표로 한다. 슈퍼히어로 캐릭터처럼 애그리맨 Agriman을 주인공으로 한 만화로 농업에 관한 스토리텔링을 전개함으로써 어린이와 청소년들에게 '농업', '교육', '엔터테인먼트'를 합친 애그리-에듀테인먼트 Agri-Edutainment를 효과적으로 제공한다. 와이팜이 어린 세대를 중심으로 메시지를 전하는 이유는 젊은 세대가 농업에서 멀어지고 있기 때문. 지금의 어린이들이 농업에 종사하지 않는다면 2050년 이후로 농부는 지구상에 존재하지 않을 것이라 예측된다. 그들은 식량 안보의 중요성도 강조한다. 와이팜은 '우리는 왜 농사를 지어야 하는가'라는 질문에서 출발하며, '다른 사람에게 의존하지 않고 스스로 농사를 지어야 한다'라고 말한다. 더불어 식량 안보를 국가의 지속과도 연결되는 개념으로 바라본다. 이러한 와이팜의 궁극적 목표는 농업에 덧씌워진 고리타분한 이미지 대신 그 속에서 시류를 보며 미래를 개척하는 능력을 키워주는 것이다. 농부가 아니더라도 농업사업가, 농업과학자, 농업기술자, 농업혁신가 등 길은 무궁무진하다는 것이 와이팜이 바라보는 농업의 미래다.

Organization

ONJIUM

반가 음식의 전통을 현대적으로 재현해 시대를 관통하는 맛

조선의 대표 궁궐인 경복궁을 지나 서촌의 한옥과 현대적인 고층 빌딩 사이에 위치한 온지음은 이질적 조화로움이 느껴지는 장소다. 온지음은 선조들의 의식주에 남아 있는 지혜와 철학을 되짚는 연구를 토대로 우리 전통을 지키며 과거와 현대를 연결 짓는 다양한 방법을 모색한다. 이곳은 식문화 연구소이자 미식 공간으로 과거와 현대의 조리법이 조화를 이루며 시대를 관통하는 맛을 선사한다. 온지음에서는 한국 전통 식문화를 연구하는 '맛공방'을 통해 한식의 원형을 가장 많이 간직한 음식을 찾고자 노력해왔다. 그 해답은 조선 시대 500년 도읍지였던 서울의 반가 음식(班家 飲食)에서 찾을 수 있었고, 고(古) 조리서와 여러 기록을 연구해 당시의 식문화와 음식에 담긴 철학, 맛을 자신만의 스타일로 재해석한 요리를 레스토랑에서 선보인다. 조선 왕조 궁중 음식 이수자인 조은희 방장과 박성배 연구원, 그리고 이들이 이끄는 젊은 팀원들이 만들어내는 맛은 친숙함과 새로움을 넘나든다. 사계절을 느끼게 하는 식재료, 섬세한 고증과 더불어 현대적 레시피와 감각이 어우러진 온지음은 단순히 맛을 즐기는 공간을 넘어 식문화에 대한 이야기를 나눌 수 있는 곳이자, 온지음만의 정의로 펼쳐낸 이 시대 한식의 맛을 오롯이 접할 수 있는 장소다.

Organization

궁중음식연구원
서울시 종로구 창덕궁 5길 16

Republic of Korea

INSTITUTE OF REPUBLIC OF KOREAN ROYAL CUISINE

조선왕조 궁중음식을 전수하며 한식의 가치와 맛을 알리는 곳

고려왕조의 전통을 이어온 조선 시대 궁궐에서 차리던 조선왕조 궁중음식은 전통적인 한식을 대표한다. 1971년 설립된 궁중음식연구원은 국가무형문화재 제38호 조선왕조 궁중음식을 전수하는 기관이다. 고종과 순종을 모신 조선왕조 마지막 수라 상궁 한희순이 제1대 기능 보유자로서 생전 이곳을 설립한 이래, 그에게 궁중음식 종류와 구체적 조리법을 전수받은 고 황혜성 교수가 뒤를 이어 한국의 음식 문화를 연구하고 계승하는 데 앞장서 왔다. 현재 궁중음식연구원장이자 제3대 기능 보유자인 한복려 원장은 1970년부터 어머니인 황혜성 교수에게 조선왕조 궁중음식을 전수받으며 명맥을 이은 인물이다. 어릴 적부터 자연스레 궁중음식을 접하며 자란 한복려 원장은 구한말 궁중음식을 중심으로 과거의 궁중음식 및 조선의 음식 문화에 대해 교육하며, 고 조리서와 의서, 의궤 등에 등장하는 조리법 연구를 토대로 그 모습을 재현하고 구체화하는 복원 작업도 지속한다. 또한 궁중음식에 보다 쉽게 다가갈 수 있도록 조리법을 현대적으로 재해석한 요리책 출간과 유튜브 채널을 이용해 여러 세대에게 전통 음식의 가치와 아름다움을 알리는 데 힘쓰고 있다.

Organization

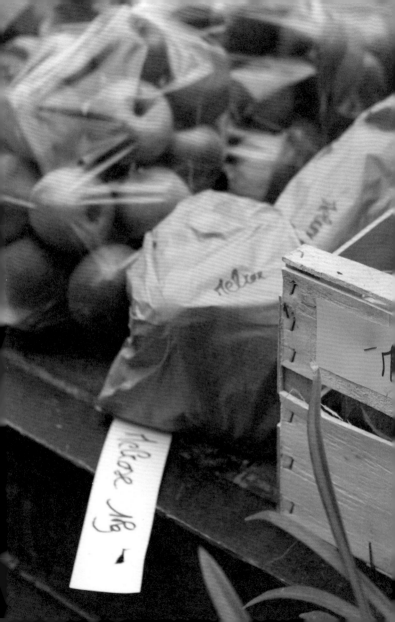

LA RUCHE
QUI DIT OUI!

온라인과 오프라인이 교차하는 파머스 마켓 플랫폼

2011년 프랑스 남부 툴루즈에서 시작해 마이크로 마켓이라는 장르를 개척한 라 뤼슈 키 디 위! (이하 라 뤼슈)는 세계 식품 산업에 새로운 흐름을 만들어내는 온라인 파머스 마켓 플랫폼이다. 현재까지 프랑스, 이탈리아 등을 포함한 7개국에서 매주 8,000여 명의 생산자가 참여하는 1,500여 개 팝업 마켓을 개최하며 매년 30% 이상의 꾸준한 성장세를 기록하고 있다. 소규모 로컬 생산자와 소비자를 잇는 가교 역할을 하는 라 뤼슈의 목표는 모두에게 공평한 음식 시스템을 제공하는 것. 심사를 거쳐 선출된 각 팝업 마켓별 호스트들이 라 뤼슈 온라인 페이지 내에 독립적인 팝업 마켓 페이지를 여는 방식으로 운영하는데, 이 팝업 마켓 페이지에 생산자들이 원하는 가격을 책정해 제품을 올려두면 소비자는 원하는 종류와 양의 제품을 주문할 수 있다. 이후 각 생산자가 레스토랑이나 약국 등 도시 내 공간을 대여해 소비자에게 미리 주문한 제품을 전달하는 식이다. 라 뤼슈만의 이런 독특한 마켓 운영 방식은 버려지는 식재료, 중간업자만 배부른 기형적인 유통 구조, 필요 이상 먼 거리를 날아오는 식품들의 탄소발자국 문제에 어떻게 대응해야 하는지를 명확하게 보여주고 있다.

Organization

100

세프스텝스
1501 Pike Pl #300, Seattle, Washington 98101

USA

CHEFSTEPS

가장 예술적인, 가장 과학적인, 가장 최신의 셰프 집단

미국 시애틀에 위치한 셰프스텝스는 'Cook Smarter'라는 모토 아래, 요리와 식재료를 연구하는 조직이다. 첨단 기술을 기반으로 하기에 요리사를 포함해 과학자와 디자이너, 비디오그래퍼등 다방면의 전문가들이 참여하며 매력적인 비주얼과 맛을 자랑하는 레시피 콘텐츠를 제작한다. 셰프스텝스의 핵심 멤버인 크리스 영 Chris Young과 그랜트 크릴리 Grant Crilly가 네이션 미어볼드 Nathan Myhrvold와 함께 출간한 <모더니스트 퀴진 Modernist Cuisine>은 음식 조리 과정에 과학적으로, 예술적으로, 그리고 충격적인 정도로 깊게 파고든 서적이다. 모든 요리의 단면을 극단적으로 보여주는 이 책이 크게 인기를 얻으며 과학적인 요리 방법을 제시하는 조직으로 거듭나기 시작했다. 이후 2016년 수준 높은 홈 쿠킹을 도와주는 작지만 강한 수비드 기계 '줄 Joule'을 출시했고 이 기계와 연동되는 애플리케이션까지 개발하며 홈쿡들에게 한발 더 다가갔다. 더불어 <모더니스트 퀴진>의 콘텐츠를 처음 접했을 때의 충격을 떠올릴 수 있는 고품질 레시피를 영상으로 제작해 홈페이지와 유튜브 채널에 무료로 공개하고 있어 누구든 원한다면 우리집 부엌을 레스토랑 수준으로 끌어올릴 수 있게 됐다. 2019년부터는 유료 콘텐츠 구독 서비스 '셰프스텝스 스튜디오 패스 Chefsteps Studio Pass'를 열고 셰프의 영역을 한껏 넓히고 있다.

Organization

런던 허니 컴퍼니
Arch 3 Voyager Business Park, Spa Rd, London

UK

LONDON HONEY COMPANY

도시의 향을 담은 꿀로 벌도 살리고 환경도 살리는 회사

양봉 분야에선 환경보호 운동과 양봉 관리를 전문 단체에 맡기는 스튜어드십 Steward-ship 콘셉트가 주목을 받고 있다. 스튜어드십은 책임감을 갖고 자원을 활용, 관리하는 윤리정신을 뜻하며, 벌의 개체수가 줄어드는 걸 막기 위해 회사나 단체가 양봉에 관심을 가지기 시작한 열풍을 표현하는 단어이기도 하다. 이런 양봉 기업 중 대표적인 것이 런던 허니 컴퍼니다. 스티브 벤보우 Steve Benbow가 런던 타워브릿지 근처에 있는 자신의 집에 첫 번째 '옥상 벌집'을 설치하면서 시작됐으며, 숲과 녹지의 비율이 여타 도시보다 현저히 높은 런던에서 양봉원의 개수를 늘려가는 것은 어려운 일이 아니었다. 현재는 테이트모던 Tate Modern 미술관의 옥상, 빅토리아 앤 앨버트 뮤지엄 Victoria and Albert Museum의 옥상까지 양봉의 터전으로 삼고 있으며 런던 템즈강 위 수상 보트에서도 벌을 친다. 이 수상보트 위 2개의 벌집에는 꿀벌 약 6~8만 마리가 서식하고 있으며 꿀 생산량은 벌집 1개당 25~30kg 정도다. 주변 가로수 및 공원의 화초가 밀원이 되며 이렇게 만들어진 꿀은 해러즈 Harrods나 셀프리지 Selfridges 백화점 등을 통해 판매된다. 양봉장이 위치한 지역의 특별한 향을 품은 꿀로 런더너는 물론이고 세계인의 관심을 받고 있으며, 런던 허니 컴퍼니의 양봉원은 런던 밖 켄트, 옥스퍼드서로 확장해나가고 있다.

Organization

Illustration   Miwon Yoon

10가지 식문화 키워드로부터 현재 푸드 신의 흐름을 읽고, 앞으로의 방향을 짚어본다.

Deep Dive

Foodtech
테크의 축복 속 배달의 혈투

푸드 테크는 음식(푸드)과 기술(테크)에 관련한 거의 모든 형태의 비즈니스를 아우른다. 로봇 바리스타 등의 하드웨어적 발전보다는 다양한 IT 기술을 이용해 식품 생태계를 변화시키는 비즈니스에 가깝다. 푸드 테크의 핵심은 데이터를 분석해 식사와 관련한 경험을 '개인화'하는 것이다. 집이든 식당이든 가장 편리하게 개인화된 식사에 도달하는 것이 목표다. 이 중에서도 '편리'에 방점을 찍은 서비스, 유저 입장에서 가장 변화를 크게 체감하는 분야는 유통-넓은 의미의 배달-이다. 전 세계 온라인 음식 배달 서비스 시장은 작년에 이미 10억 달러 규모를 돌파했고, 매년 3% 이상의 성장을 기록할 것으로 예측된다. 2019년 기준 온라인 음식 배달업은 시장 규모 면에서 아시아 태평양 시장이 가장 크고, 북미가 두 번째, 유럽과 남미가 뒤를 잇는다.

1억 달러 이상 투자받은 푸드 테크 기업
기준 2019년, 출처 Crunchbase

Rappi(콜롬비아) - 남미 전역 온디맨드 배달 앱	10억 달러
Swiggy(인도) - 인도 내 최고의 배달 앱	10억 달러
Instacart(미국) - 식료품 배달 앱	6억 달러
Doordash(미국) - 온라인 배달 앱	6억 달러
Deliveroo(영국) - 온라인 배달 앱	5억7,500만 달러
iFood(브라질) - 온라인 배달 앱	5억5,500만 달러
Delhivery(인도) - 인도 전역 온라인 배달 앱	3억9,500만 달러
Impossible Food(미국) - 식물 기반 대체육 개발 기술 업체	3억 달러
Yipin Fresh(중국) - 기술 기반 신선식품 슈퍼마켓	2억9,800만 달러
Picnic(네덜란드) - 전기차를 이용한 신선식품 배달 앱	2억7,500만 달러
Toast(미국) – 식당 관리 플랫폼	2억5,000만 달러
Ubox(중국) - 모바일 페이가 연동된 자판기	2억2,500만 달러
Grofers(인도) – 온라인 식료품 쇼핑	2억2,000만 달러
Glovo(스페인) - 유럽 전역 60분 내 식료품 배달 앱	1억6,900만 달러
Wolt(핀란드) - 북유럽 중심 19개국 온디맨드 배달 앱	1억3,000만 달러

2019년 발생해 전 세계에서 동시다발적으로 일어난 코로나19 사태는 거의 모든 푸드 테크 분야와 밀접하게 관련되면서 시장을 재편하는 계기가 됐다. 특히 배달 서비스 이용이 급증하면서, 단일 시장으로 전 세계에서 가장 규모가 큰 미국은 주문 증가율이 40%에 달했다. 스타트업 투자 분석 플랫폼 크런치베이스 Crunchbase에 따르면 2019년 단일 규모로 가장 큰 투자는 인도 최고의 배달 앱 스위기 Swiggy가 유치한 10억 달러다. 그 외 1억 달러 이상의 투자를 유치한 사례 중 상당수가 배달 앱으로, 현재보다 더 편리한 혹은 예측 불가능한 무언가가 추가된 배달 서비스가 가까운 미래에 우리 생활을 점령할지도 모른다.

Home Meal Replacement
요리는 더 쉬워질 것이다

농림축산식품부와 한국농수산식품유통공사가 발간한 '2019 가공식품 세분 시장 현황 보고서'에 따르면 국내 가정간편식(Home Meal Replacement, 이하 HMR) 시장 규모는 2018년에는 3조2000억 원, 2022년에는 5조 원에 이를 것으로 전망됐다. 세계적으로도 2026년까지 성장이 계속될 것으로 시장 전문가들은 예측하고 있다.

최근 케이컬처 K-culture의 유행과 '먹방'의 세계적 인기로 한국 음식에 대한 해외 수요가 높아지고 있다. 처음 접하는 한국 음식에 대한 부담을 낮추기 위해 HMR을 구입하는 외국인들이 늘면서 HMR 시장에서 한국 업체의 약진이 두드러진다. 지난 4년간 한국산 HMR 수출량이 28% 증가했다는 수치로도 인기를 체감할 수 있다. 농림축산부에 따르면

한국산 HMR 출하량은 지난 5년간 70% 증가해 3조 원에 달한다. 2010년 오픈해 문정훈 교수 외 10여 명의 연구원이 푸드체인 전반을 연구하는 서울대학교 푸드비즈랩 Foodbizlab에서 발표한 자료에 따르면, 3분요리나 즉석밥같이 편의성을 우선으로 한 1세대, 원물의 느낌을 살린 냉장 및 냉동식품으로 대표되는 2세대, 컵밥이나 일품요리 등 다양성을 내세운

3세대, 그리고 신선 재료를 활용하기 시작한 4세대 밀키트 Meal Kit로 HMR을 분리한다. 지금 북미 시장에서 가장 큰 화두는 밀키트 시장이다. 단지 요리 준비(prep)를 쉽게 하거나 새 레시피를 제시하는 것을 넘어 구체적으로 세분화된 타깃에 맞추는 방식으로 진화하고 있다. 리서치 회사 NPD 그룹의 최근 조사에 따르면 2019년 말 미국 소비자의 5% 미만이 밀키트를 주문했지만, 코로나19 사태 이후 2020년 상반기 시장 성장률은 14%에 이른다. 밀키트는 크게 신선한 재료를 소분해 레시피에 맞게 제공하는 프렙 시장과 HMR과 유사한 레디 투 이트 Ready to Eat 시장으로 나뉘는데,

상위 10개 업체가 시장 전체 매출의 약 50%를 차지하고 나머지 수십만 경쟁 업체가 혈투를 벌이는 구조다. 할인 등 공격적 프로모션을 펼치는 헬로프레시 Hello Fresh, 업계 초기 선점 브랜드인 블루 에이프런 Blue Apron, 미국 2위 슈퍼마켓 체인 크로거 Kroger가 7억 달러에 인수한 홈셰프 Home Chef가 톱 3로 꼽힌다. 특화된 타깃으로 세분화해 건강한 식재료만을 이용한 레디 투 이트 키트 프레실리 Freshly, 비건 메뉴로 구성한 비스트로 Veestro, 다이어터를 위한 비스트로엠디 BistroMD 등도 선전하고 있다.

Food & Design
음식에 미학을 접목하면

푸드 디자인은 산업 디자인과 영양학을 아우르는 새로운 학문으로, 분야가 다양하다. 플레이팅의 확장 개념으로서 음식 자체의 담음새를 디자인하는 것, 유통 식품의 패키지와 내용물을 디자인하는 것, 식당 인테리어를 넘어 음식과 상호작용하는 식사 경험 전체를 디자인하는 것, 음식을 재료로 사용해 무언가를 디자인하는 것으로 카테고리를 나눌 수 있다.

뉴욕 기반의 푸드 예술가 라일라 고아 Laila Gohar는 비정형적인 환경에서의 식사 경험을 설계하는 푸드 크리에이터다. 음식을 소재로 한 설치 미술이라고 볼 수도 있고, 결국은 모인 사람들이 먹으니 케이터링의 예술가 버전이라고 볼 수도 있겠다. LVMH, 라파예트 La Fayette, 꼼데가르송 Comme des Garçons등 패션, 예술 분야 클라이언트들과 협업하고 있다. lailagohar.com

2018년 더치 디자인 위크에 네덜란드 아인트호벤 디자인 아카데미가 개최한 퓨처푸드디자인어워드 Future Food Design Awards는 지속 가능한 음식의 미래를 위해 음식을 활용한 혁신적이고 파격적인 디자인을 찾았다. 세계 30개국 50개 출품작 가운데 식품 디자이너 애들레이드 탬 Adelaide Tam이 금속과 음식을 주제로 한 '0.9그램의 브라스 프로젝트' 작품이 선정됐다. 이 시상식을 주관한 것은 2016년에 설립된 네덜란드 음식&디자인 연구소(Dutch Institute of Food & Design)인데, 이곳은 푸드 디자인계의 선구자로 꼽히는 마레이에 포헐장 Marije Vogelzang이 이끌고 있다. thedifd.com/about-us

2014년부터 2018년까지 활동한 레이지 맘 Lazy Mom은 뉴욕 아티스트 조시 키프 Josie Keefe와 필리스 마 Phyllis Ma의 아트 컬렉티브 프로젝트다. 요리를 하는 대신 강박적으로 음식을 배열하는 가상의 엄마를 상정하고 현대 식문화의 아이러니를 유머러스하게 표현했다. 식품의 컬러, 모양, 텍스처 등을 극단적으로 돋보이게 하는 배치를 통해 쉽사리 잊기 어려운 강렬한 이미지를 만드는 독창성이 돋보인다. 에이스호텔 Ace Hotel, 매거진 <러키 피치 Lucky Peach>, 앱 지피 Giphy, 리파이너리29 Refinery29 등과 다양한 작업을 했다. lazymom.org

Deep dive

Foodhall
푸드몰로 헤쳐 모여

스트리트 푸드는 간단한 조리와 저렴한 가격 외에도 유행에 더 민감하고 실험적인 음식을 맛볼 수 있다는 점에서 테스트 마켓 역할을 하기도 한다. 스트리트 푸드의 대명사와도 같았던 푸드 트럭 시장은 둔화되는 추세고, 다양한 소규모 점포를 모은 푸드홀이 주목 받는다. 세계 6개 도시에서 인기를 누리고 있는 타임 아웃 마켓 Time Out Market은 2020년에 두바이, 2021년에 런던 워털루에 새로 오픈을 준비 중이다. 마켓과 마켓홀을 결합해 뉴욕, 도쿄, 스톡홀름, 뮌헨 등에서 성업하고 있는

이탈리아 브랜드 이탤리 Eataly는 최근 토론토에 이어 댈러스에 미국에서만 7번째 매장을 오픈한다. 지난해 말 런던 옥스퍼드 서커스의 오래된 BHS 건물에 오픈한 마켓홀 웨스트엔드 Market Hall Westend는 영국에서 가장 큰 규모다. 이곳은 미니 팬케이크, 치킨, 케밥, 중화권 길거리 음식인 젠빙, 돈카츠산도, 타코, 피자, 비건 포케볼까지 세계의 가장 대표적인 스트리트 푸드를 모던하게 해석한 11개 독립 브랜드 음식점과 4개의 바, 데모 키친과 인터넷 방송 스튜디오까지 갖췄다. 런던을 대표하는

스트리트 푸드 마켓 커브 Kerb 역시 최근 코번트 가든의 한 오래된 건물에 푸드홀을 오픈했다. 공간의 변화는 푸드홀이라는 메가트렌드 하나로 수렴하는 듯하지만 트렌디한 아이디어와 신선한 맛을 중시하는 스트리트 푸드의 정체성은 변함없다. 지역 검색 서비스 제공 플랫폼 옐프 Yelp가 2019년 자사 앱 검색 키워드 데이터를 분석해 예측한 트렌드는 스트리트 푸드가 매우 '이국적인 퀴진'과 매우 '전통적인 맛'으로 양분될 것이라는 사실이다. 검색량 증가 추세를 바탕으로 이국적인 퀴진으로 지목된 음식은 떡볶이, 전통적인 맛으로 지목된 음식은 미국 중부 지역 내슈빌 스타일의 치킨이다. 또한 익숙한 음식들에 인스타그램 친화적인 각종 데커레이션과 선명한 색을 더한 신메뉴 역시 꾸준히 개발될 것으로 보인다. 옛날 간식 격인 추러스의 경우, 레드벨벳 추러스, 설탕 코팅을 입힌 프루티 페블 추러스 등이 소셜 미디어에서 최근 주목받고 있고, 식재료 중에서 유행을 타고 있는 자색고구마(Ube)도 연보라색이 주는 신선함으로 인기를 끌고 있다.

Local 2.0
자연으로 회귀본능

로컬 푸드에 대한 인식이 대중화되면서 지역에서 생산한 식재료에 대한 수요는 물론 팜투 테이블을 실천하는 이들도 늘었다. 최근의 로컬 푸드는 능동적인 행동주의자들의 등장과 더불어 새로운 국면을 맞이했다. 로컬 푸드의 새로운 세대로 불리는 이들은 농장에서 키운 작물을 소비하는 것에 그치지 않고, 채집과 수렵을 통해 좀 더 야생에 가까운 맛을 찾아 나서거나 농장 운영에 직접 참여하는 등 보다 적극적인 행보를 보인다.

채집하는 셰프들

마그누스 닐손 Magnus Nilsson
프랑스 유수의 파인다이닝을 거친 후 고향 스웨덴 스톡홀름으로부터 **600km** 떨어진 시골 마을에 있는 레스토랑 파비켄 Faviken

Deep dive

의 소믈리에로 취직했다가 후에 셰프로 전향했다. 채소는 직접 캐거나 채집한 것만 쓰고, 육류는 직접 도축하거나 주위 숲에서 사냥해오며 조리 중 화식에 필요한 장작불의 연료까지 주변 숲에서 가져온다. 아쉽게도 2019년 12월 파비켄은 폐업했다.

사미 탈베리 Sami Tallberg

핀란드 헬싱키를 기반으로 하는 셰프로 야생 식재료 채집의 전문가로 널리 알려졌으며, 헬싱키보다 북극권에 속하는 유럽 최북단의 야생 보존 구역 라플란드에서 식재료 채집을 하는 데 더 많은 시간을 보낸다. 뉴 노르딕 무브먼트(로컬에서 계절과 기후에 맞게 구할 수 있는 식재료만으로 만들고 웰니스를 지향하는 북유럽 음식 운동)의 선구자로 채집 음식 팝업 다이닝을 열거나 생식, 채식을 지향하는 메뉴를 개발한다.

레네 레드제피 René Redzepi

세계에서 가장 예약하기 힘든 레스토랑 중 하나였던 노마 코펜하겐을 닫아버리고 세계를 떠돌며 식재료를 탐험하는 팝업 식당을 거쳐 도시 농장 형태로 개조한 노마 2.0을 재개한 셰프 레네 레드제피는 채집 식재료에 대한 열정으로 덴마크 숲과 바다에서 찾을 수 있는 채집 식재료와 그것들을 이용한 레시피를 제공하는 애플리케이션 '빌드 매드' 제작에 참여했다.

식당과 농장의 결합

자동화된 대규모 농장에서 마치 공산품처럼 생산, 납품되는 식재료를 거부하고 직접 또는 소규모 농장과의 직영 계약 재배를 통해 건강한 농산물로 요리하는 것을 지향하는 식당도 있다. 로컬 2.0 세대에서 농장과 식당은 계약 주체 이상의 파트너십을 맺고 있으며, 안정적인 수요로 생긴 여유를 지역 농업의 지속 가능성과 양질의 음식으로 대체한다. 댄 바버 Dan Barber가 이끄는 미슐랭 스타 레스토랑 블루힐앳스톤반스 BlueHill at Stonebarns는 지역의 비영리기구이자 지역 단체인 스톤반스 농장이 재배한 식물의 대부분을 매입해 식재료로 사용한다. 블루힐 셰프와 스톤반스 농장 농부들은 함께 새로운 종자 실험을 거쳐 필요한 풍미와 식감을 갖춘 품종을 개발하고, 지역사회를

위한 공공 프로그램과 테스트 키친 클래스 등을 공동 운영한다. 영국의 **6개** 전원 도시에서 운영 중인 더피그 **The Pig**는 직접 운영하는 농장과 현지에서만 나는 식재료를 이용해 계절에 맞는 음식만 만든다. 한국에서도 테이블포포와 파스타포포의 오너 셰프 김성운은 고향인 충남에서 가족과 함께 직접 포포농장을 경영하고 있다.

Independent Vinegar Brand
발효 유행의 끝판왕

편리함을 추구하는 바쁜 현대인의 라이프스타일에 맞춘 음식 트렌드가 다양해질수록 극단적으로 이에 배치되는 자신만의 슬로푸드와 자연주의도 꽃피기 마련이다. 그중 맥주와 커피에 이어 홈 브루잉 Home Brewing 3세대 격이라 할 수 있는 식초는 발효 음식의 유행, 몸에 좋은 작용을 하는 식음료의 인기, 다이어트 해독 등 현대인의 관심사와 맞물리며 폭발적으로 수요가 늘었다. 세계 곳곳의 개성 넘치는 식초 메이커의 확산이 이를 증명한다.

비니거 세드 **Vinegar Shed**는 음식과 여행 분야 에디터였던 창업자 앤디 해리스 **Andy Harris**가 자신만의 오랜 식문화 취재 경험을 녹여 만든 소규모 식초 브랜드다. 여러 나라의 셰프, 농부, 생산자들과 만나면서 경험한 식초 문화와 제조 방식을 비니거 세드에 접목해 다양한 나무 수종의 배럴과 항아리에 식초를 담아 한 해 **3,000**여 병만 제작한다. 또 '식초클럽'이라는 회원제 정기 수령 시스템을 통해 직접 큐레이팅한 식초를 보내주는 서비스도 있다. 비니거 세드의 식초는 제레미 리 **Jeremy Lee**, 헤스턴 블루멘탈 **Heston Bluementhal**, 제이미 올리버 **Jamie Oliver**를 비롯한 영국 유명 셰프들의 레스토랑에서 사용한다.

컬트 비니거 **Cult Vinegar**는 2017년 런던에서 시작한 소량 생산 식초 브랜드로, 프리미엄 와인과 포트 와인, 셰리, 사케 등을 사용해 독특하고 깔끔한 풍미의 식초를 만든다. 본업이 광고 전략 전문가이면서 식품 발효에 관심이 많은 음식 블로거인 조너선 브라운 **Jonathan Brown**이 프리미엄 와인과 주류를 사용해 만든 식초이며, 감각적 패키지와 레이블도 눈에 띈다. 직접 발효에 도전해볼 수 있도록 한 키트 개념의 컬트 비니거 베이스도 판매한다.

킵웰 비니거 **Keepwell Vinegar**는 세라 코네지오 **Sarah Conezio**와 이사야 빌링턴 **Isaiah Billington** 부부가 만든 브랜드로, 3년 전 미국 펜실베이니아주 도버 지역에 문을 열고 과일과 곡물, 사탕수수, 야생화, 꿀 등 인근 지역의 재료로 수제 식초를 만든다. 셰프 출신이자 같은 레스토랑에 근무했던 세라와 이사야는 계절과 환경을 타는 지역 농가의 제철 재료를 언제나 맛볼 수 있도록 식초로 제작하는 아이디어를 얻어 제품을 완성했다.

Plant Based Food
달걀도 고기도 되는 식물의 무한 변신

"얼라이드 마켓 리서치 사에 따르면 2020년까지의 육류 대체품 시장 예상 수익은 미화 52억 달러이며, 2015~2020년 동안 연평균성장률(CAGR)은 8.4%를 기록할 것으로 보인다. 가장 자금 공급이 원활한 식음료 신생 기업 15곳 중 7곳이 채식 관련 기업이다."

2018년 2월 14일 <포브스 Forbes>

저스트 Just
지속 가능한 단백질 공급원으로 지구에서
가장 많이 소비되는 달걀을 선택해 오직 달걀
대체 식품만 개발하며, 용기에 담긴 액상형과
토스터에 곧바로 넣을 수 있도록 한 고형 두
가지만 판매한다. 녹두 원료에 강황으로 색을
낸 저스트에그에는 7g의 단백질이 들어
있다. 자료에 따르면, 저스트에그는 기존의
동물 자원보다 물을 98% 적게 사용하고
탄소발자국은 93% 적게 만들며 86% 적은
땅을 사용한다. 2020년 5월 28일 현재,
4,000만 개 이상의 판매 기록을 세웠다.
창업 연도 2011년 국가 미국

비욘드 미트 BeyondMeat
콩에서 추출한 단백질 혼합물을 가열, 냉각,
압력하고 쌀 단백질, 녹두 단백질, 카놀라유,
전분 등을 혼합해 제조하며, 레드 비트로
쇠고기 같은 선홍색을 낸다. 버거 패티,
다짐육, 소시지 등의 제품을 미국 전역 3만 개
슈퍼마켓의 육류 섹션에서 판매 중이다. 미래
환경 이슈에 민감한 유명인들의 개인 투자로도
이름이 알려졌고, 2019년 5월에는 주식 상장
시 주가 공모가 대비 최대 600% 가량 주가가
올라 주목을 끌기도 했다. 한국에서는 동원
F&B가 독점 공급 계약하고 있다.
창업 연도 2009년 국가 미국

임파서블 푸드 Impossible Food
스탠퍼드 대학 생화학 교수인 패트릭 브라운
Patrick Brown이 창업했다. 콩과 감자에서
추출한 단백질과 코코넛 오일을 결합해 고기의
맛은 물론 육즙이나 풍미 등을 재현했다. 실제
쇠고기 다짐육(고기 80:지방 20)과 동일한
양의 단백질을 함유하고 있는 이 제품은 현재
미국 FDA의 승인을 거쳐 미국 전역 대형
슈퍼마켓 체인에서 판매 중이며, 2019년에는
버거킹에서 '임파서블 와퍼'를 정식 메뉴로
출시했다. 창업 연도 2011년 국가 미국

비베라 Vivera
2018년 세계 최초의 식물성 스테이크를
출시한 기업이다. 비욘드 미트나 임파서블
푸드가 단일 시그너처 상품에 주력하는 것과
달리 비베라는 풀드포크, 스테이크, 다짐육은
물론 치킨 텐더, 샤와르마, 그리크 케밥,
베이컨, 피시 필레 등 거의 모든 형태의 식물성
고기를 생산한다. 영국의 대형 슈퍼마켓
체인을 중심으로 유통한다.
창업 연도 1990년 국가 네덜란드

더 베지테리언 부처
The Vegetarian Butcher
9대째 이어온 농장을 물려받아 운영하던
야프 코르테베흐 Jaap Korteweg가
돼지열병과 광우병을 계기로 채식주의자가
되면서 대체육 정육점을 창업했다. 3년간의
연구를 거쳐 기존에 육식을 하던 이들의
입맛에도 이질감이 적은 대체육을 개발했고,
농장에서 레스토랑을 함께 운영하며 요리법
또한 제시한다. 2018년에 유니레버가
인수했으며, 유럽 지역 버거킹에 비건 버거
패티를 납품한다.
창업 연도 2007년 **국가** 네덜란드

리플 Ripple
오랜 친구 사이인 공학도 애덤 라우리 Adam
Lowry와 닐 레닝어 Neil Renninger가
창립해 식물성 우유 음료를 생산한다. 콩에서
추출한 성분으로 만들지만 두유가 아니라
우유의 대체 음료로 우유와 매우 유사하며,
실제 우유를 포함해 아몬드 우유·두유·오트밀
우유 등 대체품을 통틀어 단백질, 칼슘,
철분 함량이 가장 높다. 미국과 캐나다에서
유통되며, 요구르트, 단백질 보충제,
아이스크림 등 유제품군 상품을 대부분
보유하고 있다.
창업 연도 2015년 **국가** 미국

Kimchi
대세는 김치로 기울었다

CNN은 프로바이오틱스 발효 식품들의 미국 내 대유행을 소개하는 기사에서, 호주 음식
이던 아보카도 토스트가 미국 아침 식사의 판도를 바꾼 것에 김치를 비견하며 조만간 미
국인들의 식탁이 한국화될 것이라고 보도했다. 맛의 트렌드에서도 지금 가장 정점에 있는
감칠맛(Umami)의 총집합체로 여겨지며 다양한 퀴진의 토핑이나 킥으로 활용되기도 하
지만, 전통적인 김치 맛에 충실하기 위해 코리아타운이나 한국 식료품점을 헤매는 사람들
의 세계적 관심도 매우 뜨겁다. 독립 김치 메이커로 활동하며 자신만의 김치 맛을 내는 이
들의 대표 김치를 모았다.

김앤치 Kim&Chi의 이지김치 Easy Kimchi

김 Kim미은과 지 Chi후송, 마치 운명처럼 김치와 스펠링이 같은 오너 두 사람의 성을 딴 브랜드로, 런던에서 홈메이드 김치를 판매한다. 이지김치는 썰어놓은 맛김치인데 먹기 쉽게 잘라져 있다는 의미를 영어권에서 전달하기도 쉽고, 양념을 간소화해 시원하고 깔끔한 맛이 난다.

포워드 루츠 Forward Roots의 김치 소스 Kimchi Sauce

뉴욕에 기반을 둔 포워드 루츠는 종류별로 김치를 만들어서 파는 것이 아니라 김치 소스를 만든다. 어떤 채소든지 이 양념에 버무리면 김치로 먹을 수 있다는 편리함과 숙성된 양념일수록 실제로 김치를 담으면 더 맛있어진다는 점에 착안해 누구나 자신만의 부재료로 김치를 담을 수도 있도록 했다.

런던 퍼멘터리 London Fermentary의 비건김치 Vegan Kimchi

오랜 시간 숙성과 발효를 연구해온 창업자 엘레나 데민스카 Elena Deminska가 발효 음식 중에 김치도 만들어달라는 소비자의 요청을

받아 직접 만들어 판매하기 시작한 김치다. 기존에 알고 있던 채소 발효법과 한국인 단골손님이 준 김치 레시피를 참고해 유럽 순무인 터닙 Turnip과 헤리티지 캐럿 Heritage Carrot 등을 이용하고 젓갈과 동물성 재료를 뺀 자신만의 레시피로 완성했다.

오나미 Oh Na Mi의 배추김치(Cabbage Kimchi)

암스테르담에 있는 푸드 스타트업 공유 주방에서 셰프 출신의 알렉산더 보이스 Alexander Boyce가 창업한 김치 브랜드의 단일 제품으로, 양배추를 발효한 전통 음식 사워크라우트 Sauerkraut에 익숙한 현지인 입맛에 맞춰 산뜻하면서도 시큼한 맛을 낸다.

산호원 **San Ho Won**의
배백김치**(White Kimchi)**

미국 샌프란시스코에서
레스토랑 베누 **Benu**를
이끄는 코리 리 **Corey
Lee** 셰프가 여름 오픈을
목표로 준비 중인 한식 전문점

산호원은 현재 프리뷰 메뉴만
선보이고 있으며, 여기엔 코리
리 셰프가 직접 담근 김치가
포함된다. 이 중 배를 주재료
격으로 많이 넣어 시원한 맛이
배가된 백백김치는 매운 김치만
알고 있는 사람들에게 신선한
충격을 줄 만하다.

모모푸쿠 **Momofuku** 김치 레시피

한국 요리에도 일가견이 있는 모모푸쿠의 창립자 데이비드 장이 모모푸쿠 웹사이트
피치 킨(peachkeen.momofuku.com)에 소개한 배추김치 레시피.

배추 1통
코서 소금 2큰술
설탕 1/2컵과 2큰술
저민 마늘 20톨
저민 생강 20편
고춧가루 1/2컵
액젓 1/4컵
간장 1/4컵
1인치 길이로 썬 파 1/2컵
채 썬 당근 1/2컵

1. 1인치 길이로 썬 배추에 소금 2큰술, 설탕 2큰술을 뿌려 냉장고에 하룻밤 보관한다.
2. 마늘, 생강, 고춧가루, 액젓, 간장, 설탕을 섞어 진흙보다 묽고
샐러드드레싱보다는 진한 점도로 물을 부은 후 파와 당근을 넣는다.
3. 물을 뺀 배추를 소스에 섞은 후 냉장 보관한다. 담은 지 1일 후부터 맛있어지고
1~2주쯤이면에 맛의 최고치에 이를 것이다.

Kombucha & Mocktail
숙취 없이 한잔해

업계 전문가들의 의견을 차용할 것도 없이 음료 시장에서 독주하고 있는 트렌드는 콤부차다. 유행을 주도하고 있는 미국에서는 김치, 케피르 Kefir와 함께 가장 주목받는 발효 식품이며, 힙스터 카페나 트렌디한 식당 외에 대형 마트 체인에서도 쉽게 구할 수 있다. 콤부차는 효모와 박테리아를 조합해 스코비 scoby라 부르는 발효 배양액으로부터 은은한 단맛을 내는 무알코올의 탄산음료로, 이 열풍의 가장 큰 영향을 미친 것은 건강에 좋은 음료라는 후광 덕분이다. 고대 중국에서는 치료를 위해 마셨다는 설과 함께 발효를 거쳤기에 장 건강에 이롭고 소화를 촉진하며 당분을 넣지 않아 비만을 유발하지 않을 것이라는 믿음을 주지만, 이 주장을 뒷받침할 과학적 근거는 없다. 하여간 사람들은 콤부차의 가볍고 상쾌한 느낌과 생강, 망고 등 시트러스 계열은 물론 라벤더와 계피에 이르는 끝없는 맛의 조합을 사랑한다. 닐슨의 조사에 따르면 미국의 콤부차 판매량은 2017년 43%, 2018년에는 32% 증가했으며, 이 영향력이 오래갈 것이라는 판단에 따라 펩시와 코카콜라는 각각 콤부차 브랜드 케비타 KeVita 및 모조 MOJO를 인수하기도 했다.

콤부차의 인기에 오버랩되는 지점은 최근 많은 소비자가 주류를 대체할 수 있는 음료를 찾고 있다는 것이다. 닐슨의 조사에 따르면 밀레니얼 세대의 66%는 알코올 소비를 줄이기 위해 노력하고 있으며, 화려한 밤과 숙취보다 건강한 식습관에 더 관심이 있다고 답했다. 무알코 음료를 부르는 이름도 다양한데, 논알코올 외에 목테일 또는 스피릿프리 spirit-free 드링크, 로 ABV 드링크 low ABV drinks, 또는 소프트 리큐어 soft liquors라고도 한다. 칵테일 바나 레스토랑에서 내는 무알코올 메뉴 옵션을 넘어 가정용 주류 시장에서도 술의 맛과 느낌은 재현하되 알코올은 없는 음료 또는 희석용 스피릿이 꾸준히 출시되고 있다. 시드립 Seedlip, 킨 유포릭스 Kin Euphorics, 큐리어스 일릭서스 Curious Elixirs 등의 브랜드가 있다.

Deep dive

Zero-Waste
버려진 음식을 구하라

엄청난 양의 음식이 바로 쓰레기로 처리되고 있다. 전 세계에서 생산되는 식품의 30%, 매년 총 130만 톤이 음식물 쓰레기로 즉시 버려지는 것으로 추산된다. 음식과 영양을 위한 바릴라 센터 재단에서 발표하는 '지속 가능성 지수'에 따르면, 가장 많은 음식물 쓰레기가 만들어지는 곳은 가정 54%, 레스토랑 21%, 소매무역 15%, 농업 8% 순이다. 음식물과 함께 음식물 포장 쓰레기도 버려지기에, 최근 가정용 플라스틱 또는 비닐 포장지의 대체제로 비즈왁스 랩이나 실리콘 뚜껑 수요가 증가하고 있다. 식품 체인들은 매장에서 디스펜서 형태로 진열해 벌크 판매를 촉진하고 있다. 미국 22개 주에 진출해 있는 슈퍼마켓 체인 스프라우츠 Sprouts는 벌크 식품이 매출의 30%를 차지한다고 밝히며 2019년부터 벌크 제품 구입 시 재사용 가능한 유리병과 헝겊 백을 판매하기 시작했고, 트레이더 조스 Trader Joe's 는 2019년부터 매장 내 플라스틱 포장지를 400만 파운드까지 줄이는 변화를 감행했으며, 월마트 또한 자사 브랜드 포장 비닐을 산업 퇴비화가 가능한 재료로 교체하겠다고 발표했다.

INSTOCK

인스톡 Instock

같은 슈퍼마켓에서 아르바이트를 하던 친구들끼리 작은 프로젝트로 시작한 인스톡은
유통되지 못한 식재료를 공급받아 음식을 만드는 아이디어로 팝업 이벤트, 푸드 트럭을
거쳐 현재 네덜란드 전역에 3개의 레스토랑과 푸드 레스큐 센터, B2B 유통 플랫폼까지
갖춘 기업으로 성장했다. 폐기될 뻔한 식재료를 이용한 자체 제작 맥주, 그래놀라 등을
판매하고 요리책도 출간했다.

instock.nl

SILO

사일로 Silo

제로 웨이스트를 추구하는 런던의 사일로는 모든 식재료를 박스나 포장 없이 트레이에
운반할 수 있는 로컬 농장에서 공급받고, 식당 내부에 퇴비 처리 기계를 설치해 조리를
위해 다듬은 채소 부산물을 식당 안에서 비료로 전환함으로써 쓰레기 배출률을
제로로 유지한다.

silolondon.com

TIFT

트래시 이즈 토서스 Trash is Tossers

NYU에서 환경학을 전공한 로런 싱어 Lauren Singer는 생활폐기물을 줄이는 데
도움이 되는 제품을 판매하는 온라인 몰 패키지 프리의 창립자이자 쓰레기를 만들지 않는
생활방식에 대한 정보를 나누는 플랫폼 '트래시 이즈 토서스 Trash is Tossers'를
운영하고 있다.

trashisfortossers.com

Deep dive

Lindsay Miles

레스 웨이스트 노 퍼스 키친 Less Waste No Fuss Kitchen
길을 걷다 우연히 플라스틱 없이 한 달 살기 전단지를 발견한 것에서 시작해 폐기물 없는
생활의 옹호자로 강연과 교육을 이어온 호주의 린지 마일스 **Lindsay Miles**는 **2013**
년부터 자신의 웹사이트를 통해 쓰레기를 배출하지 않는 아이디어와 팁을 공유해왔다.
첫번째 저서 <적은 물건(**Less Stuff**)>(**2019**)에 이어 두 번째 저서 <적은 쓰레기
소란스럽지 않은 부엌(**Less Waste No Fuss Kitchen**)>(**2020**)이 출간됐다.
treadingmyownpath.com

임퍼펙트 푸즈 Imperfect Foods
샌프란시스코에서 창업, 단지 생김새 때문에 유통에서 탈락한 채소와 과일을 식료품
체인보다 저렴한 가격에 정기구독 형태로 배송한다. 일반 식품 쇼핑처럼 다양한 옵션을
제공하며, 미국 주요 대도시에서 이용할 수 있다.
imperfectfoods.com

Misfits
Market

미스핏 마켓 Misfit Market
미국 필라델피아에서 창업했으며, 역시 유통 과정에서 탈락한 채소를 저렴한 가격에
배송한다. 농장 상황에 맞춰 그때그때 가장 신선한 식품을 배송하므로 마치 미스터리
박스처럼 무엇이 올지 알 수 없다.
misfitsmarket.com

Deep dive

Index

덴마크
DENMARK

LÆSØ Salt 래소 솔트
Hornfiskrønvej 3, 9940 Læsø
Magazine F issue no.1 Salt
01

Barr 바르、
Strandgade 93, 1401 Copenhagen
+45 32-96-32-93
restaurantbarr.com
Magazine F issue no.10 Berry
17

108CPH
Strandgade 108, DK-1401 Copenhagen
+45 32-96-32-92
108.dk
Magazine F issue no.10 Berry
21

Roxie 록시
Bremerholm 6, 1069 Copenhagen
+45 53-89-10-69
roxie.dk
Magazine F issue no.10 Berry
34

Apollo Bar & Kanteen 아폴로 바 앤 캔틴
Charlottenborg, Nyhavn 2, 1051, Copen-
hagen
+45 60-53-44-14
apollobar.dk
Magazine F issue no.10 Berry
56

Høstet 회스테트
Ibskervej 34, 3730 Nexø Bornholm
+45 53-54-21-24

hostet.dk
Magazine F issue no.10 Berry
75

Mad 매드
Strandgade 93, 1401 Copenhagen
vildmad.dk/en
Magazine F issue no.10 Berry
94

레바논
LEBANON

Walid Merhi Farm 왈리드 메르히 농장
village of Rechmaya, Aley District
Magazine F issue no.11 Bean
06

Kalei Coffee Co. 칼레이 커피 컴퍼니
Rue 54, Impasse 18, Beirut
+961 3-780-342
www.kaleicoffee.com
Magazine F issue no.11 Bean
58

Soul El Tayeb 수크 엘 타예브
Trablos Street Beirut Souks, 20127305 Beirut
+961 1-442-664
www.soukeltayeb.com
Magazine F issue no.11 Bean
95

미국
UNITED STATES OF AMERICA

Blue Siren Shellfish 블루 사이렌 셸피시

30045 Highway 101 N, Rockaway Beach,
OR 97136
www.purenorthcoast.com
Magazine F issue no.13 Clam
07

Iverstine Farms 아이버스틴 농장
4765 Perkins Rd STE A, Baton Rouge, LA
70808
Magazine F issue no.3 Chicken
09

The French Laundry 더 프렌치 론드리
6640 Washington St., Yountville, CA 94599
+1 707-944-2380
www.thomaskeller.com/tfl
Magazine F issue no.2 Cheese
10

Erizo 에리조
215 Southeast 9th Avenue, Portland, OR
+1 503-206-8619
www.erizopdx.com
Magazine F issue no.13 Clam
19

Coquette 코케트
2800 Magazine St., New Orleans, LA
+1 504-265-0421
www.coquettenola.com
Magazine F issue no.3 Chicken
22

Olympia Provisions 올림피아 프로비전스
1632 NW Thurman St., Portland, OR
+1 503-954-3663
www.olympiaprovisions.com
Magazine F issue no.13 Clam
39

Ceviche Project 세비체 프로젝트

2524 1/2 Hyperion Ave., Los Angeles, CA
www.cevicheproject.com
Magazine F issue no.13 Clam
40

Honey Brains 허니브레인스
372 Lafayette St., New York, NY 10012
+1 646-678-4092
www.honeybrains.com
Magazine F issue no.8 Honey
60

Rice to Riches 라이스 투 리치스
37 Spring St, New York, NY 10012
+1 212-274-0008
www.ricetoriches.com
Magazine F issue no.5 Rice
61

Jacobsen Salt Co. 제이콥슨 솔트
602 SE Salmon Street, Portland, OR 97214
+1 503-719-4973
www.jacobsensalt.com
Magazine F issue no.1 Salt
65

Andante Dairy 안단테 데어리
1 Ferry Building #50, San Francisco, CA
94111
Magazine F issue no.2 Cheese
68

Crown Finish Caves 크라운 피니시 케이브스
925 Bergen St. #101, Brooklyn, NY 11238
+1 718-857-2717
www.crownfinishcaves.com
Magazine F issue no.2 Cheese
69

Cacao Prieto 카카오 프리에토
218 Conover St., Brooklyn, NY 11231

+1 212-347-225-0130
www.cacaoprieto.com
Magazine F issue no.6 Chocolate
90

Union Square Greenmarket
유니언 스퀘어 그린마켓
Union Square W &, E 17th St., New York,
10003
+1-212-788-7476
www.grownyc.org/greenmarket/
manhattan-union-square-m
Magazine F issue no.4 Tomato
92

Chefsteps 셰프스텝스
1501 Pike Pl #300, Seattle, Washington
98101
www.chefsteps.com
Magazine F issue no.2 Cheese
100

스페인
SPAIN

Cinco Jotas 싱코 호타스
Crta. Huelva - Badajoz s/n, 21290, Jabugo,
Huelva
+34 603-59-90-61
www.cincojotas.com
Magazine F issue no.1 Salt
66

Ferment 9 퍼먼트 나인
Calle de Sepúlveda 135, Barcelona
+34 637-02-27-64
Ferment9.Com
Magazine F issue no.12 Kimchi
93

영국
UK

Chutney Mary 처트니 메리
73 St. James's St., St. James's, London
chutneymary.com
Magazine F issue no.9 Curry
14

Dishoom 디슘
4 Derrt St., Kensington, London
+44 20-7420-9325
dishoom.com
Magazine F issue no.9 Curry
23

Tramshed 트램셰드
32 Rivington St., Hackney, London
www.hixrestaurants.co.uk/restaurant/
tramshed
Magazine F issue no.3 Chicken
24

The Wokseley 더 울슬리
160 Piccadilly, St. James's, London
+44 20-7499-6996
www.thewolseley.com
Magazine F issue no.5 Rice
32

Gosnells Upstairs at Coal Rooms
고스넬스 업스테어스 앳 콜 룸스
11a Station Way, Peckham, London
+44 20-7635-6699
www.gosnells.co.uk/pages /tasting-room
Magazine F issue no.8 Honey
57

Ottolenghi 오토렝기
13 Motcomb St., Belgravia, London

+44 20 7727 1121
ottolenghi.co.uk
Magazine F issue no.6 Chocolate
59

Dark Sugars Cocoa House
다크 슈가스 코코아 하우스
124-126 Brick Ln., Spitalfields, London
+44 20-3730-9483
www.darksugars.co.uk
Magazine F issue no.6 Chocolate
63

Wilkin & Sons Tiptree
윌킨 앤 선스 팁트리
Tiptree Jam Shop & Tea RoomTiptree, Essex
Magazine F issue no.4 Tomato
71

Hoxton Street Monster Supplies
혹스턴 스트리트 몬스터 서플라이스
159 Hoxton St., Hoxton, London
+44 20-7729-4159
www.monstersupplies.org
Magazine F issue no.1 Salt
82

Little Duck-The Pricklery 리틀 덕.더 피클러리
68 Dalston Ln., Dalston, London
+44 20-7249-9177
www.littleduckpicklery.co.uk
Magazine F issue no.7 Vinegar
83

Moxon's 목슨스
Unit E Clapham South Station, Nightingale
Ln., London
+44 20 7591 0050
www.moxonsfreshfish.com
Magazine F issue no.13 Clam
84

Neal's Yard Dairy 닐스 야드 데어리
17 Shorts Gardens, West End, London
+44 20-7240-5700
www.nealsyarddairy.co.uk
Magazine F issue no.2 Cheese
87

London Honey Company 런던 허니 컴퍼니
Arch 3 Voyager Business Park, Spa Rd,
London
+44 20-7394-7072
thelondonhoneycompany.co.uk
Magazine F issue no.8 Honey
101

오스트리아
AUSTRIA

Konstantin Filippou 콘스탄틴 필리포
Dominikanerbastei 17, 1010 Wien
+43 1-51-22-229
www.konstantinfilippou.com
Magazine F issue no.7 Vinegar
11

Steirereck 슈타이어레크
Am Heumarkt 2A, 1030 Wien
+43 1-713-31-68
www.steirereck.at
Magazine F issue no.7 Vinegar
16

이탈리아
ITALIA

Sapori Vesuviani 사포리 베수비아니
Strada Provinciale Pugliano 16, 80055
Portici NA
+39 335-310-786
www.saporivesuviani.it
Magazine F issue no.4 Tomato
03

Acetaia San Giacomo 아체타이아 산 자코모
Strada Pennella, 1 – Novellara, RE
+39 522-651197
www.acetaiasangiacomo.com
Magazine F issue no.7 Vinegar
04

Osteria Francescana 오스테리아 프란체스카나
Via Stella, 22, 41121 Modena, MO
+39 059-223912
www.osteriafrancescana.it
Magazine F issue no.7 Vinegar
13

인도
INDIA

Karim's 카림스
16, Gail Kababiyan, Urdu Bazar Road, In
front of Jama Masjid Gate No.1, New Delhi
+91 11 2326 4981
Magazine F issue no.3 Chicken
26

인도네시아
INDONESIA

Warung Makan Nikmat 와룽 마칸 닉맛
Jl. Bakung Sari, Gg. Biduri No.6A, Badung,
Kuta, Bali
+62 361-764678
www.warung-makan-nikmat. business.site
Magazine F issue no.5 Rice
31

일본
JAPAN

Hachidaime Gihey 하치다이메 기헤이
1st eflore-Ginza, 5-4-15, Ginza, Chuoku,
Tokyo
+81 75-708-8173
www.okomeya-ryotei.net
Magazine F issue no.5 Rice
25

Curry Up 커리업
2 Chome-35-9-105 Jingumae, Shibuya, Tokyo
+81 3-3710-1122
curryup.jp
Magazine F issue no.9 Curry
29

Bird Land 버드랜드
B1 Floor, Tsukamoto Sozan Building, 4-2-15,
Ginza, Chuo-ku, Tokyo
+81 3 5250 1081
www.ginza-birdland.sakura.ne,jp
Magazine F issue no.3 Chicken
30

Ginshariya Gekotei 긴샤리야 게코테이